天下文化
BELIEVE IN READING

Effective yet
graceful family agenda

爸媽不瞎忙

凱若的幸福家庭行事曆

凱若
Carol Chen
著

推薦序

停止瞎忙，為幸福保溫

沈雅琪（神老師）

忙了一天才剛回到家，兒子就說要去看醫生，我立刻開車帶他出門，下午四點半出發，六點半才到家，回程路上腦中不斷的盤算著一進門就得開始準備晚餐，飯會煮最久，所以要先洗米，再來是煮湯，把竹筍切好、加上排骨和一些蒜頭就能放大同電鍋裡去燉煮，上面放隻抹好鹽和白胡椒、米酒的雞腿一起蒸，把魚抹上大量的鹽巴放到雙面鍋去烤，用香油爆香蔥花和蒜頭做蔥油，接下來就能專心的炒兩個菜，四十分鐘後，準時開飯。

當了媽媽以後，好像每個人都長出了十隻手，可以同時做很多事，在最短的時間內要處理的事情太多，沒有時間慢慢磨，重要的就是抽出一點時間在腦中把流程跑一遍，有多少時間、要做哪些菜、每一道菜需要準備的配料和食材有哪些、先後順序該怎麼安排……

這還只是媽媽一整天下來要處理的其中一項工作而已，對媽媽來說，能夠利用零碎的時間做準備工作，就能讓自己更從容的把每一件事情都好好完成。

常常有人問我：「要怎樣才能下班後短時間準備好晚餐？」「要怎樣才能在忙碌的工作之餘照顧三個孩子和五隻貓？」「在教室要怎樣處理每個孩子的問題？」「怎麼能在一天二十四小時之內做這麼多事？」我總說不出個所以然，很難把腦中的流程和訣竅一一說出來，沒能提供有系統的方法給讀者。在閱讀凱若的《爸媽不瞎忙》時，才驚覺凱若提供的很多方法我有做到，但卻沒辦法明確的條列出來，這本書做到了！而且還提供了許多我沒有想到的方法。

學好有效的處理家務和工作後，才有時間好好的照顧自己，凱若提醒我們，除了扮演好父母、做好工作外，還應該擁有自己的興趣並持續成長，讓自己保持忙碌是好事，但是千萬不要落入瞎忙、無頭蒼蠅的忙，要有效率的忙、有成就感的忙，才能讓自己和身邊的人保有幸福感。

凱若提供了五個活用時間小祕訣，讓我們先去檢視自己使用時間的行為模式，找出平時被忽略被浪費的時間，給自己一些規則和自制能力，專注而有效的使用這些時間，我用這些方法檢視自己已經很忙碌的行程，竟然還可以列出好多不知不覺中浪費掉的時間，真是太神奇了。

整本書中我最喜歡的是討論婚姻的部分，最常見的是兩個相愛的人進入婚姻中，愛情加上柴米油鹽醬醋茶後，卻變得索然無味，常常見到在忙碌的生活中失去了自己，或是因為太過忙碌而疏忽對方。

我也是在這幾年才懂得刻意經營婚姻，主動出擊對先生釋出善意，而不是放任愛情枯竭流逝。我常常在臉書上放閃，昭告天下我和先生之間的趣事和互動，常有網友留言，「別人的先生都不會讓人失望！」「我家那個豬隊友沒救了！」……凱若在書中提供了有效經營婚姻的方法——先想清楚自己想要的生活模式，也與另一半找到最舒服的平衡點、製造最有效的溝通方式，其實有時花一點心思，就能把快凍結的婚姻變成活水。

不管提供多少改善生活和婚姻的方法，都要願意去嘗試和執行才有可能改變，我們都不要坐困愁城，讓自己每天瞎忙、陷入忙碌的泥淖，也不要放任自己看到另一半就想吐，試試看凱若給的這些方法，說不定會有截然不同的結果。

自序

活用碎片時間，創造夢想人生

將近十七年前，我正懷著大女兒，決心做個全職媽媽，好好享受陪伴孩子成長的時光。然而卻在停止工作幾個月後發現，無論過去讀書工作時有什麼豐功偉業，沒有存款與收入，我就只能暫住老家，請求媽媽暫時別收房租；孩子出生後，不時得仔細計算尿片多少錢，只能選最便宜的買。在家陪孩子當然是件非常美好的事，也是我的人生夢想，然而現實中無法給孩子好日子的擔憂、不想再當伸手牌的心願，讓我開始思考是不是該多做一點什麼。

當年還不流行彈性工時、在家工作，如果想多陪孩子，就得犧牲職場表現和穩定的收入，唯一的選擇似乎只有自己當老闆。雖說當時我對創業一點概念也沒有，但經濟上沒有安全感的生活，實在比「創業維艱」來得恐怖，於是權衡之下，決定在家裡開始婚禮顧問的接案工作。沒想到，這個當時迫於無奈的抉擇，卻帶著我走出一條與眾不同的居家創業之路，也讓我得以實現在家陪孩子成長的夢想。

現在，我擁有自己的婚禮顧問公司、經營電子商務平台、創辦「HomeCEO居家創業者支援平台」，同時也是專欄與書籍作者，三年內出了三本書，此刻正在寫著第四本——你手上的《爸媽不瞎忙》。我們一家四口為了追太陽，二〇一九年從德國搬到了西班牙，先生和我在這邊開始了一家新公司，同時創立了新品牌「MiVida就是生活」，將我們在歐洲生活中熱愛的東西介紹給台灣的朋友。當年挺著大肚子為存款餘額所苦惱的我，完全無法想像未來會有這樣的發展！

手忙腳亂中累積經驗

常有人問我：「創業不會犧牲家庭嗎？」「每天要做的事這麼多，怎麼做得完呢？」「你有留時間給自己嗎？」畢竟現代的父母親，就算是工時相對穩定的上班族，每天能與孩子相處的時間都很有限，甚至忙到感覺失去了婚姻與自我，更何況是自己當老闆呢？但事實上，的確是做得到的——只是需要一些堅持、很多調整，以及很實際的做法。

雖然先生和我上下班不用打卡，但與所有上班族爸媽一樣，每天仍舊要早起照料孩子吃喝玩樂，公司也三不五時會有突發狀況等著我們處理。但我們努力保有每晚好好休息的時間，同時能夠專注相處，週末與假日也堅持不工作。在這樣的生活節奏下，兩人各自的公司運作順暢，自己也能持續發展與學習新領域，我相信這不是因為我們擁有超能力，只是因為我們充分認知到「時間」是最珍貴的資產之一，得好好珍惜運用才行。

現代人幾乎沒有不忙碌的，連孩子們都忙。但要在對的時間做對的事情，才能夠事半功倍，甚至還有餘裕，能全家人一起體驗生活，共同成長。我自己摸索了好幾年，從手忙腳亂之中累積了不少經驗（當然也犯過很多錯誤，事實上經驗大多來自於錯誤）。我在女兒十一歲的時候又生了小兒子，近年又重回家有小小孩的狀態，過著工作育兒並行的生活。很幸運的，因為過去的經驗與學習，現在的我比十多年前更得心應手、從容愉快。

許多人看到我的頭銜，直覺認定我每天應該都有忙不完的事情，大概時常得離開孩子，很少在家，甚至還有人問我，是不是有請保母和傭人幫忙，才能順利完成這麼多工作。事實上，每天除了五歲兒子待在幼兒園的那五個小時之外，我就是全天在家待命的媽媽。我們夫妻兩人給予孩子的陪伴和親自操持的家務，一點也沒少。

不過，確實因為自己創業，擁有更多調配時間的自由度。我們每天親自接送孩子上下學、一起參與所有學校活動，看似「時間充裕」，讓許多老師和家長誤以為我們「待業中」呢！對於他人的看法，我們不以為意，反而會因為「只要孩子有需要（例如在幼兒園受傷），我們都能隨時放下工作出現在他們身邊」而感到安心和感激。任何在上班時間接過學校緊急來電的父母親，想必都能明白我們的心情。

持續學習，更幸福

一天二十四小時，我們除了扮演好「為人父母」的重要角色之外，還擁有自己的興趣並持續學習成長，而這正是我們在忙碌生活中，保有幸福感的關鍵因素。

最近因為工作的關係，我們接觸並迷上了西班牙初榨橄欖油，一直在修習相關課程，目標是成為「專業品油師」；而我也重拾荒廢了二十多年的鋼琴，雖然手指已不像年輕時那麼靈活，但有動力，練起來就不覺得辛苦；先生和我請了西班牙文老師學西語，除了當夫妻也當同學，生活中多了更多的話題（當然還有笑料），也一起上健身房，我便有個免費但嚴格的健身教練。我們也追劇、玩最新的電玩、享受臨時起意的午餐約會，和每年加起來三個月的家庭旅行。

好好運用時間，並不代表就得要犧牲樂趣。反而會為了享受樂趣，而更用力的完成工作，好把「偷閒」的時間預留下來。因為沒有犧牲生活中的大小樂趣，我們各自的心情、健康與彼此的關係，也比較容易保持在正面的狀態之中。

對我們來說，理想的生活並不是「悠閒度日」，而是「有人可愛、有事可做、有夢可追」，因此這輩子注定閒不下來。很多人以為「時間很多」才能做比較多事，而我認為事實正好相反——正因為確知「可以運用的時間是有限的」，也清楚自己有哪些任務或角色是重要的，才能更有效的利用時間，做好每一件該做好的事，更認真過每一分每一秒。

不過，我也要提醒讀者，雖然在這十多年內我看似完成了很多事，但我從不認為「樣樣都抓」就代表成功。有許多事——比如創業，比如育兒，都需要持續且專心的投入、經營、學習，才可能看得到些許成績。我的婚顧公司一直到進入第八年才運轉得較為順暢，使我壓力減輕，能分心發展新的事業領域；第二個孩子出生時，我放下一切事務專心育兒，直到孩子上了幼兒園，我感覺終於可以喘口氣了，才重新回到原本的工作步調。

選擇當下應該專注的事，修剪掉不必要的項目，是很重要的人生功課！

也請同時記得，世界上沒有任何一件事，需要我們一年三百六十五天、每天二十四小時，所有時間投入才能做好，包括經營事業與照顧孩子，都不需要！長期偏食的人生，絕對不健康！把人生都丟進事業裡而失去了家庭與友誼，或一輩子只繞著孩子、家庭轉，都不會讓人真正感覺到幸福。均衡發展的生活，才會更讓人活力滿滿。

經過這十多年的摸索，我發現「家庭」、「事業」和「自我」這三個看似彼此衝突和拉扯的人生選項，其實可以並存得很好。我喜歡「混搭」的人生，更熱愛持續學習，要做到這些不需要三頭六臂，只需要刻意的善用碎片時間，人人都能發展出讓自己滿意的生活方式。

兼顧家庭、事業和自我

《爸媽不瞎忙》原本是我在「1號課堂」所開的有聲課程，我雖然盡可能的講到所有重要的主題，但每次十分鐘的課程，很難詳細分享實例或技巧。收到許多聽眾來信詢問更多細節後，編輯們建議我將課程內容補充得更完整，讓更多有需要的職場爸媽能夠得到更多幫助。感謝1號課堂與天下文化的支持讓本書得以出版，書中加入了許多他們專業的建議與提問。在有聲課程上線到撰寫此書之間，我們一家從德國搬到了西班牙展開新生活，因此書中也加入了這段期間的經驗與心得。

本書分為〈心法篇〉、〈準備篇〉與〈執行篇〉。在〈心法篇〉之中，我提出自己與身邊上班族或創業爸媽的經驗與祕訣，分享忙碌的父母親在生活中如何保有自己、活出自己，甚至還能夠不斷在各個新領域創業，持續學習前進。〈準備篇〉則和大家分享找出「碎片時間」並且聰明的運用，是重要關鍵。活用「家庭行事曆」，幫助我在有限的時間內，完成許多想做的事。

〈執行篇〉詳細說明我在工作事業、休閒旅遊、個人學習、家庭關係各方面，實際的執行計畫。也包括哪些新科技能幫助我們利用瑣碎的五分鐘、十分鐘，時刻學習。最後也分享了我們的「家庭遠景」，以及這個遠景如何帶領我們從德國搬到了西班牙，落腳新城市，過著理想的新生活。

我相信，只要用心安排與執行，每個家庭都能運用寶貴的時間與資源，打造夢想未來，同時陪伴孩子成長，甚至成為他們未來擁有均衡生活的好榜樣！

創業之初，我在自己家的角落，用著老桌子、二手電腦，和一台跟媽媽借來的傳真機兼電話，展開了創業人生。一邊育兒，一邊工作。這樣的生活模式十七年來沒有停止過。到現在，我仍舊在西班牙家裡的客廳一角寫稿與工作，並且每年都在思考著還能學（玩）哪些有趣的玩意兒。先生和我絕非擁有萬貫家財，但感謝上天我們擁有足以負擔一家四口生計的收入，和能夠自由支配的時間，住在想居住的地方，去做想做的事，過想過的生活。

撰寫此書的同時，全世界正籠罩於新冠病毒的威脅之下。台灣的疫情控制得當，然而世界上有許多國家，包括我們身處的西班牙，都成了重災區，面臨了全境封鎖、學校停課、產業停擺的難題。這段時間雖然有許多活動停止了，但也是我們向內探索的好時機。沉潛與蟄伏，學習與調整，為了更好的「新未來」而努力。我們花了更多的時間在家，也重新檢視工作與生活方式，正是好好準備「重新開始」的好時機呢！

英國文學家約翰生（Samuel Johnson）博士曾說：「一切雄心的終極結果，一切創業精神與勞動的最終目的，就是讓我們能快樂的待在家裡。」這一直是我的座右銘與人生方針。希望透過這本書的分享，讓更多忙碌爸媽與渴望學習的讀者都能擁有「家庭・事業・自我」三者共存共榮的幸福生活！

Contents

輯三 執行篇

輯一

心法篇

忙碌爸媽生存法寶——碎片時間活用術

我們沒有那麼多個「三小時」，卻有很多瑣碎的時間。先放下「沒時間」的想法，才有可能開始練習怎麼運用它。
我們並不需要用不完的時間，而需要「有意識」的使用碎片時間。

01

未來，你想過怎樣的人生？

——每天一小時，實現理想生活

我有兩個孩子，女兒十六歲，兒子五歲。

沒錯！就是「青少年」加「半獸人」的瘋狂組合！

而我還有多個不同的事業角色：經營婚顧公司、網路電商，與選品網站「MiVida就是生活」，創辦HomeCEO居家創業者支援平台，也是專欄與書籍的作者。很多人會用「蠟燭兩頭燒」來形容這種情況，身兼多職確實不輕鬆，特別是在孩子還小、公司剛起步的那幾年。

很多坊間的時間管理課程或書籍，都訴求能「平衡」或「兼顧」家庭與工作，但根據我的經驗，我必須很老實的告訴你，成為父母又要兼顧事業的發展，還要關照著各種不同的社會角色，「失衡」絕對是常態。

我經歷過「為了其他人忙得團團轉，卻遺忘了自己」的階段，我也曾迷惘，在眾多責任之間嘗試做出選擇，卻怎麼選都懷抱著深深的罪惡感。當所有的責任排山倒海而來時，最容易的選擇就是「犧牲自己」——不只是自己的基本需求（例如睡眠和飲食）與情感需求，甚至還包含事業的發展、自我的實現，時常都在「身為父母」的前提下，「優先」被放到最後頭。

特別是女性。在普遍的社會期待裡，照顧家庭，扮演好人母、人妻、媳婦、女兒的角色，比起「活得精采愉快」來得重要太多了。坦白說，當我在孕期做出創業的決定後，心中的罪惡感和恐懼遠遠大過於興奮感；努力拿下一個大案子後，「接下來你又要少陪女兒了」的自我控訴，馬上蓋過欣喜之情。更別說，「放下一切去渡假」或是「在付幼兒園學費之前，為自己買件新衣」，這些事根本不可能發生。

「再說吧！」當時，我常這樣對自己說。

然而，這種生活方式很難持久，對我所愛之人也未必是好事。忙到忘了自己，放棄照顧自己的情緒、健康、個人成長時，不只生活容易變得更加混亂、更難收拾，自身也會變得很難「給愛」，很難「被愛」。

創業與育兒並行的日子過了幾年，我發現自己從未為自己留下時間。我不但放棄了一直以來最愛的旅遊，鮮少與朋友外出，更忘記了那個時常大笑的自己。我變得嚴肅而「難愛」，裝扮古板又無趣，閱讀的都是和事業發展有關的書，更別說去看場電影了！當孩子漸漸長大，我終於有了時間，卻仍舊沒有花在自己身上，因為我早已不習慣那麼做了。

團團轉了八年，我有了不錯的事業與收入，卻不曾踏上與生意無關的旅行。一次我隨口答應好友，到邁阿密開完會後一起去加勒比海享受郵輪假期。原本我認為開完會就應該要打道回府，「拋家棄子」去旅行，多麼「浪費時間」啊！但好友已經訂好行程和郵輪了，我只好履行承諾。我還事先警告旅伴，如果我因為太想女兒而破壞大家的玩興，還請見諒，畢竟我從沒因為工作以外的理由離開過她。

沒想到，一上了船，面對曾經最愛的大海，內在那個最原始真實的自我便跑了出來。我每日在甲板上看著日出日落，終於有時間好好思考未來的生活究竟想怎麼過。我發現自己每日想著的、做著的都是「扛下責任」，但卻從來沒有負起「讓自己過得豐盛喜樂」這個最重大的人生任務。

旅程結束之後，我決定對過去的生活方式按下暫停鍵，從「為他人需要而犧牲自我」，逐步學習「從照顧自己出發，進而關愛他人」。將自己當做一個傳遞快樂與滿足的圓心，得以能量飽滿的去關照所愛之人與手上的工作。

我開始注意自己的飲食與睡眠、持續運動，固定每週到油畫教室畫畫，去聽喜歡的課、讀有趣的書，也重整人際關係。有意識的將時間留給自己，時刻充電、保持健康與愉快，肩膀上扛的辛苦責任與角色，漸漸變得容易了一些。

過去圍繞著「需要」打轉的日子，讓我精力耗竭，時刻感覺辛苦。轉換了順序，保留時間給自己，不但不需要放棄任何重要的角色，反而因為每日重新充電而感到輕盈又滿足。這些改變，其實不需要花太多時間。每天一個小時就足夠！

每天留一個小時給自己

將最基本的「我」照顧好，並不自私，反而是負責任的表現！自從我堅持每天留一個小時給自己，累積一年之後，我的健康改善了，體脂肪從二十六%降到二十一%，每天精神奕奕，面對討厭的事情也不再那麼易怒或焦慮。我調整了工作時間，改變夜貓子作息，在孩子上學的時間專心一致做完所有公事，這樣不但能好好陪伴下課後的女兒，也能將晚上的時間留給閱讀與學習。我也捨棄了讓人心煩的合作關係，減少單純「賺現金」的工作，將焦點放在會為我帶來「持續性收益」的專案。我更簡化了人際關係，確定自己不浪費生命去討好並不重要的人。

這樣執行幾年之後，我的收入模式終於能讓我離開日復一日的工作，而在需要移居歐洲時可以不必焦慮，這真是一種祝福。即使年近四十因兒子出生，重來一次忙碌的育兒生活，我仍舊維持這個習慣——每天晚上保留一個小時給自己。就這樣無心插柳的每天記錄一點育兒心情，竟在一年後出版了人生第一本書！五年後的今天，我們一家四口搬到了一年有三百天豔陽的瓦倫西亞，先生Jascha和我在新國度從零開始學習西班牙文，也一起創辦了新事業「MiVida就是生活」。

我們每天擁有的時間就只有那麼多，還常因為同時承擔多重責任，使得屬於自己的時間愈來愈珍稀。是否用心規劃這僅有的寶貴時間，決定了幾個月後、甚至幾年後我們的人生樣貌。

快樂＝休息＋學習

我一直都不是一個容易滿足於現狀的人。對我來說，一份只是能餬口的工作，是不夠的；我希望每天起床開工，能夠感覺到這份事業對我與他人的價值；而母親雖然是我很熱愛的角色，我也不願意成天只繞著孩子轉。我希望孩子看到的不是我的犧牲，而是我的甘心樂意；我更不想日子裡只有工作與家庭，我也有自己的需求、興趣嗜好，以及不斷想學的新玩意兒。

對很多人來說，像我這麼貪心並不安全，因為在我們的文化裡頭，「為自己而活」時常就等於「自私」，特別是對於母親而言。但，你想活出怎樣的人生呢？如果連你自己都迷失了，如何提起勁過生活？甚至，為孩子指路？

哈佛大學心理學教授班夏哈（Tal Ben-Shahar）在《更快樂：哈佛最受歡迎的一堂課》當中提到，人之所以感覺不快樂，是因為我們往往誤以為「快樂即享樂」，所以當自己沒有去享樂的時候，便覺得不滿足、不快樂。他認為，人要能從生活中同時體會到「樂趣」與「意義」，才能體會得到真正的「快樂」。

所謂「樂趣」指的是眼前的好處，「意義」是未來的好處，「快樂」呢？是要能滿足當下的需求，也同時能對未來有正面的發展，所以絕對不是單純「耍廢放空」就會得到快樂。從我自己的經驗中，的確也證明是如此。

媽媽界很流行「Me Time」，意指「當媽媽也要留點時間給自己」，我也衷心信奉這點，每天晚上兒子一定要八點就上床睡覺，我才能有多一點自己的時間。但如果我都只將Me Time拿來疼愛自己，就有點可惜了。一半享受、一半學習成長，我相信這種「樂趣」與「意義」兼具的Me Time，才更能讓人感到快樂！

於是我很任性的把自己的需求，也加進了原本就已經很忙碌的行程表。十幾年來，我每天至少留一到三個小時給自己做這三件事——休息、學習、打造未來。這些時刻帶給我身體的修復、心靈的滿足，讓我朝著想要的生活樣貌前進，以下就跟大家分享我實際上是怎麼執行的。

祕訣一　休息，才能走更遠的路

現代人都很忙，特別是爸媽。我們不只忙，還累到隨時都能睡著！

孩子還不能睡過夜之前，長達一整年的時間，我都無法連續睡上三小時，這也是很多親餵母乳的媽媽都經歷過的辛苦。然而，孩子會長大，我們也該隨著孩子的成長，調整自己的作息。

幾次事業開創的時期，也都需要投注許多時間精力，因此很難每天睡飽飽，也很難餐餐吃得好。還記得有幾回，我真的就在等紅燈時，趴在方向盤上睡著了！對我來說，硬撐著完成使命是一種責任感的表現，有時是必要的（例如孩子剛出生的前三個月，和開創事業的前幾年），然而，千萬不能讓這成為常態。

我要求自己每天至少睡滿七個小時，以便儲備充足的體力和耐心，去面對孩子們層出不窮的需求，也才能保持理智的腦袋，在工作上做出重要的決策。一有空檔就小睡一下，做點運動，偶爾泡個熱水澡，別為了滑手機而熬夜，這些都是讓身體恢復最佳狀態的方法。

好好吃、好好睡、維持運動習慣，這些看起來雖然都是小事，一旦做好做對了，絕對會讓我們有更多的力量來創造和學習。

除了身體的休息，心靈也需要休息。

如同所有忙碌的爸媽一樣，先生和我一有時間也想休息放空，我最喜歡追劇和畫畫，而Jascha喜歡健身和玩點電動，我們很認真的「保護」這些小樂趣，不讓每天排山倒海而來的公事家事排擠到它們。我們也尊重對方需要放鬆與休息，透過家庭行事曆的安排，支持彼此都能好好充電。

而你，喜歡做什麼來放鬆自己呢？把這些事情安排到每天或每週的行程裡吧！這些「小事」，絕對會讓你重新充電，戰力升級。

也要好好計畫家庭旅行，把它當作全家的共同任務；保有夫妻兩人的時間，用彼此都能感覺放鬆的方式相處，這些都是很值得堅持的家庭活動。在後續的篇章中，我分享如何安排自己與家庭的行事曆（請見頁98），讓自己能喘口氣。對我來說，這是一切的基礎，也是持續成長的根源。

祕訣二　學習，讓你保持年輕有活力！

每天花一個小時照顧自己，是一種享受，但每天花三個小時做這些事，似乎就太多了一點。把身心照顧好之後，就該來規劃如何學習成長了。

學習的範圍很廣泛，不一定要上課進修才算數。當孩子還小，或工作很忙而無暇報名實體課程或講座時，我便會根據最近想學習的主題，挑選幾本近期要閱讀的書，放在隨手就能拿到的地方，隨時都可以讀。

Jascha瘋狂熱愛健身，這不但是他保持健康的方式，更是他「刻意學習」的項目，一有時間就研究各種不同派別的健身運動，嘗試並挑選適合自己的，也和健身有成的朋友或教練請教切磋。他每週上健身房三、四次，不管多忙仍舊堅持，讓我非常佩服。每當達成了一個健身的小目標，我總能在他臉上看到驕傲自信的神情，這種元氣我很喜歡。

而我們兩人對學習語言都有濃厚的興趣，也喜歡一起上課。即使彼此都忙，過去住在台灣時，每週我們安排兩小時英語課程，來加強閱讀與寫作能力。看起來沒花太多時間，但持續一年下來也進步不少。在西班牙安頓下來之後，我們也馬上加入西語教室。時間比較充裕時，就報名固定課程，忙碌期便縮短時數，改為每週兩小時的家教或線上教學。

加減就是要學習，就是要前進。因為學習的樂趣太多，特別是夫妻一起學習，可以讓平凡的日子變得更有意思。

Jascha與我分別有自己的公司要經營，工作上需要學習的已經不少，但我們仍舊會不時討論想要在工作以外學些什麼、做些什麼。這讓我們除了柴米油鹽醬醋茶之外，還擁有共同的目標，話題也能從孩子或工作轉移到其他事情。更別說，「當學生」讓人腦袋不易生鏽，心態上更謙卑，生活也更有活力！

祕訣三　從今天就開始打造未來

花時間「打造未來」，非常重要，然而卻是許多爸媽時常忽略的。

你是否問過自己與另一半：「十年後，希望自己和家人過著怎樣的生活？而現在要做些什麼，才能往那個方向前進呢？」

在現在這個瞬息萬變的時代裡，光是倚靠別人給的金飯碗、鐵飯碗，已經很難穩定過一生。能夠牢牢掌握在自己手中的，就算只是個「木頭碗」，也是最踏實的。雖然「學習」與「自我充實」已經是在往前進，但還需要花時間思考並具體規劃，如何為未來的生活帶來助益。

我曾經參加一場國際年會的演講，看見講者走進一個巨大的倉鼠籠中奔跑，他跑得滿身是汗，卻始終在那個籠子裡。這畫面一直在我腦海提醒自己——我們時刻忙碌，但並不代表我們一直在前進。

有太多時候，我們只是每天做著重複的事，人生卻在原地踏步！就像倉鼠跑滾輪一樣，累翻了，卻絲毫沒有累積或前進。

許多父母每天在家庭與工作之間奔忙，空閒時間就想放空，目光很難拉遠看向未來。而坊間的時間管理方法，多半只教我們如何安排時間來完成眼前的任務，但怎樣利用每天一小時逐步打造未來，我認為是更為重要的。

以學習語言為例，計畫今年考到一張語言證照，可能獲得更多工作機會，就是在打造未來；又如，閱讀電子商務趨勢書籍並運用書中知識來兼職創業，也可能增加更多資產。

清楚自己未來的藍圖，才會讓每一分一秒的努力都打對位置。我曾經在一場演講中形容，人生就像打樁，每個人每天都在揮舞著槌子，卻不是每個人每一次揮槌都打在對的位置上。

有些人能夠在短短時間之內完成目標，並不是因為他們有過人的聰明才智，或比別人擁有更多資源，而是因為他們清楚所想所望，而在每次行動前審慎思考自己是否朝夢想前進，接著全力以赴。

孩子看著我們如何成長

身為父母親，怎麼運用時間，更是關鍵。

因為當我們停止了成長，能給孩子的環境也就會原地踏步。當我們不斷努力與前進，孩子也能學到最有力量的一堂課——他們會知道，人永遠能學習新事物，也永遠能夠圓夢和追夢。

孩子需要我們陪伴，家庭需要我們費神，工作也需要我們投入，這些都不容易。然而我們用什麼態度面對，如何妥善安排，孩子也都看在眼裡。

我在懷女兒的時候開始創業，她等於見證了這十七年來我努力的每一步。在她還小時，我的確會為了多與她相處，而放棄某些工作機會，但當女兒大了一點，我便刻意帶著她出差，讓她體會到「搭高鐵」並不總是「出去玩」，媽媽舟車勞頓還要演講和開會是很疲累的事，她也更懂得珍惜所擁有的，更疼惜與體貼他人。我相信，當我遇到挫折的時候，女兒也陪著我面對，明白了媽媽不是萬能，有時很需要安慰。而我們受挫後如何站起來，也給予孩子最真實的人生榜樣。

無論再怎麼忙碌，都該留點時間給自己。在珍貴的Me Time中，絕對不是只有「放空享受」會讓我們感覺快樂，將時間有意義的安排在對未來有幫助的事情上——好好休息與充電、安排有興趣的學習，以及打造夢想的未來，這三件事讓我們再忙，都能精神奕奕，充滿活力！

我們只是在空轉，還是有目標的前進？我們是每天做著白日夢，還是正在實現理想生活？端看如何運用每日的碎片時間。

point

- 將最基本的「我」照顧好，並不自私，反而是負責任的表現。
- 好好吃、好好睡、維持運動的習慣，這些看起來雖然都是小事，做好做對了，我們絕對會有更多的力量來創造和學習。
- 每天花一個小時照顧自己，是一種享受，但每天花到三個小時做這些事，似乎就太多了一點。
- 我們時刻忙碌，但並不代表我們總在前進。
- 有太多時候，我們只是每天做著重複的事，人生卻在原地踏步！
- 十年後，你希望自己和家人過著怎樣的生活？而現在要做些什麼，才能往那個方向前進呢？

02

我們有的是時間！只是超級零碎

——五個善用碎片時間的小祕訣

常有人問我：「每天忙工作又忙小孩，哪裡還擠得出時間呢？」

我們通常認為「能夠有意義運用的時間」至少得有半小時，才算完整；想要真正做點事，肯定得超過三小時。但是有了孩子之後，還要上班工作，如果你仍舊期待「一天有整整三個小時」來做想做的事，我想許多過來人都會搖搖頭對你說：「不可能！」光是打點全家人的食衣住行、上學放學安親補習，就已經不夠用了，再加上工作、通勤、照料自己的基本生活，還得兼顧婚姻和社交互動……怎麼看，都不可能擠出完整的三小時。

首先，我們要改變的是「對時間的看法」。自從我當了母親，時間單位從三小時變成了十五分鐘。我們沒有那麼多個「三小時」，卻有很多瑣碎的時間。這裡十五分鐘，那裡三十分鐘，一天或一週累積下來，也很可觀呢！

接下來與大家分享我的五個善用時間小祕訣，用這種方式執行，一週內你就能感受到差異唷！

祕訣一　確認實況

我輔導過不少想要在家創業的爸媽，常見的第一個困難就是「沒有時間」。我通常會請他們回去記錄一週的真實行事曆（以半個小時為單位），看看他們的時間都用來做了哪些事。一個星期後再次碰面，十位有九位都會告訴我：「原來我『沒有一定要幹嘛』的時間，居然有這麼多啊！」

每個人和每個家庭的狀況都不同，「實況確認」（Reality Check）是非常重要的第一步。家裡有幾個小孩？年紀多大？有沒有親友支援？這些都會影響到爸媽能擠出多少時間留給自己。

有些人記錄了一整週，發現自己根本連好好吃頓飯的時間都沒有，特別是家中有新生兒的父母親，想要連續的睡眠都是個問題。這時，我會建議他們調整「生命順序」，在孩子出生的前三個月甚至頭一年，需要照顧者投入很多的心力與時間，千萬別把人生最值得珍惜的時光，弄得充滿壓力。

在那幾個月中，將所有能運用的時間都拿來補眠，就是很明智的做法。然而當孩子的作息穩定了，甚至上了幼兒園或小學，代表大人的時間也跟著穩定了，就該好好檢視，自己是否有妥善運用時間。

很多人明確檢視之後都發現，其實自己能夠運用的時間，比想像的多很多。甚至有些人一週之內「沒一定要做什麼事」的時間，超過十個小時！將這些時段用特別的顏色標注出來，例如上下班通勤、A點到B點之間的步行、孩子睡著後……這些就是你能運用的分分秒秒。

當我們抱怨著時間不夠用的時候，時間可能也在抱怨我們怎麼不好好運用它們呢！先放下「沒時間」的想法，才能開始練習怎麼運用它。

祕訣二 「有意識」的使用碎片時間

第二個重要的觀念是，我們並不需要用不完的時間，而需要「有意識」的使用我們所擁有的碎片時間。

我們總是無意識的浪費掉太多寶貴時光。以我來說，我發現自己無意識滑手機的碎片時間特別多，所以從今年初開始，刻意戒除「一有時間就拿起手機」的習慣，也堅持「手機絕對不進臥房」。到現在已經半年了，實驗結果就是，我多看了好幾本書，睡眠品質也變好了。

另外，我原本一坐上地鐵就是滑手機，現在也刻意要求自己「搭車就是閱讀時間」，我在隨身包包裡放一本書，每當我想要拿起手機的時候，腦袋自動就會運作，下達「拿起書」的指令，一段時間之後，我就習慣一上地鐵便拿起書來看。

也就是說，給瑣碎時間很明確的「重新編程」，讓自己有意識的去做某件事，這樣就不會一晃眼，半小時就過了。

妥善運用時間，並不代表一刻都不能休息，而是有意識的在過生活。例如，身體該休息的時候，就別滑手機，好好睡個覺；腦袋該休息的時候，就別一直想著工作，去做一些自己喜歡的事；心靈該充電的時候，就關掉殺時間的連續劇，聽一段好的音頻，或看一本好書。

祕訣三　「順便」可以做很多事

千萬別小看「順便」的力量，五分鐘也能做很多事！當習慣有意識使用時間之後，也就更容易「順便」把事情辦好。今天需要去郵局一趟，就想想郵局隔壁有超市，要不要順便到郵局隔壁的超市採購需要的東西？到郵局的路上會經過哪些地方，能不能順便辦哪些事？

在家裡也一樣，要走去洗衣機拿洗好的衣服，沿路收拾雜物玩具，甚至拿張除塵紙順手擦擦。上完洗手間，順便擦拭洗手槽和整理一下用品，這樣家裡隨時能維持七成整潔，不需要到了週末才花上三小時大掃除。

這些看起來都是很小的事，但累積起來，總會變成「沒時間」處理的大麻煩，無形間給我們造成許多壓力。所以，五分鐘內順手能做的事絕對不拖延，這是快速將待辦事項打勾勾的方法，也能空出更多完整的時間，來執行更需要投入的事。

祕訣四　最有效的「番茄鐘工作法」

最後，就是運用「番茄鐘工作法」（Pomodoro Technique）。這個奇妙的名字來自

於番茄的義大利文，因為提出這個方法的法蘭西斯科・西里洛（Francesco Cirillo）用的就是長得像番茄的計時器。

如果你在做某件事（例如看書或寫文章）時，只要手機一有訊息進來，便停下來回訊息，或是看到桌面很亂就放下手邊的工作去收拾，結果時間過去，原本想做的事卻沒做完，番茄鐘工作法將是助你運用碎片時間的妙招。

首先，為自己設定一個具體的任務，例如「上網搜尋繪圖課程相關資訊」，接著將計時器設定二十五分鐘，這段時間內拒絕所有干擾，專心執行這個任務，時間到了之後做別的事，或不做任何事，完全休息五分鐘。如果這個任務需要超過二十五分鐘的時間，那就再進行一次番茄鐘循環。一次最多不超過四次番茄鐘，也就是兩個小時，然後接一個長一點的休息。

我很喜歡這個方法，實際運作後發現很實用。對身邊有孩子的爸媽來說，想要半小時以上不被打斷是很困難的，二十五分鐘比較有可能。

我自己非常喜歡畫畫，每次一進畫室就會進入忘我的「心流」狀態，最少畫兩個小時，但我發現，中間如果有三、四的小休息，拿杯咖啡、與老師聊聊、上個洗手間，接下來會畫得更順利。

當讓我分心的事情出現，例如手機的訊息通知，或是突然想到該打電話給誰，我就告訴自己「這個番茄鐘結束之後再來處理」，便能有效利用這二十五分鐘，完整完成一個小任務，在休息的五分鐘內，也能夠完成突然想到的事情。

這還有另一個好處——我會很期待下一個二十五分鐘，甚至已經規劃好要完成的小任務，不知不覺的持續前進！

隱藏版祕訣　保持好心情

在這四個祕訣外，我要提醒大家，別忘了「先」照顧好自己。別為了達成很多任務，而犧牲了基本的睡眠與飲食，甚至是夫妻相處的時間。保持心情的正面穩定，是善用時間的隱藏版祕訣。

如果心情很糟糕，就會想要找人抱怨或暴飲暴食，甚至將寶貴的時間浪費在爭執與生悶氣上頭。「壞情緒」絕對是時間的最大殺手！而很多的壞情緒，其實都來自於沒能睡飽吃好，或關係上的缺乏溝通。

我或許沒辦法每天都連續睡滿八小時，但盡量都在晚上十一點多就寢，這對隔天的精神與心情大有裨益。而每晚十點過後，先生和我一定放下手邊的事，專心和彼此相處，之後在同一時間就寢，這對兩人的幸福感也非常有幫助。

身為上班族爸媽，忙碌是必然的，但我們絕非完全沒有時間，只是擁有的時間十分零碎。如果照著本章的五個祕訣試試看，一定可以在忙碌的日常中擠出不少碎片時間，問題是——當我們找到碎片時間，通常會如何運用呢？

怎麼運用這些碎片時間，決定了我們每日只能繞著工作家庭轉，還是能夠為自己與未來做些努力。

point

- 先放下「沒時間」的想法，才能開始練習怎麼運用它。
- 為瑣碎時間「重新編程」，讓腦袋有意識的去做某件事。
- 生活中順手就能完成的小事，不需要等到有完整時間才來處理。
- 讓你分心的事情出現時，就提醒自己「這個番茄鐘結束後再處理」！
- 「壞情緒」絕對是時間的最大殺手！保持好心情對善用時間很有幫助。
- 我們沒有那麼多個「三小時」，卻有很多「十五分鐘」、「半小時」，累積起來也很可觀！

03

可以慢，不要停。就算匍匐，也要前進！

——時間複利的力量

前面的章節和大家分享如何在忙碌生活中找出碎片時間，以及如何運用這些時間來休息、學習與打造未來。然而，現實生活並不會因為我們設定了遠大的目標與夢想，就此一帆風順。

事實上，許多有夢的上班族爸媽會發現，自己做出「改變」的決定之後，生活好像變得更辛苦了，時常讓人感到挫折，甚至對自己失望。接下來就要談談，上班族爸媽常會面對的負面感受，以及如何不讓這些感受影響我們的行動，而能持續昂首前進。

想想你自己，在過去一週，有沒有過這樣的時刻？

工作滿檔，一整天都在趕趕趕，老闆或客戶又突然給了更多難題，連小孩都不配合，特別的「番」……好不容易到了夜深人靜的時刻，想到買來的書堆得如山高，卻都翻幾頁就擺著、報名的課程已經連續缺席兩次，再低頭看看鬆弛的肚子，連睡都睡不飽了，哪有時間上健身房？

就算我們都知道要珍惜和把握碎片時間，但總有「人在江湖，身不由己」的時候，發現自己一直在原地踏步，已經有段時間一步也沒有向前邁出去。想放空一下滑滑社群媒體，卻看到老同學又帶全家出遊、離職的同事在新公司志得意滿……再回頭想想自己一年前立下的目標，實在很沮喪。身邊的人如果不支持我們的夢想或者再補上一句：「忙成這樣，都是你自找的！」很容易就會生出「算了」的念頭。

畢竟，「維持現狀」絕對是比較容易的。

「對自己失望」有兩種類型，一種是知道自己該做哪些事卻總是沒去做，這叫「罪有應得的失望」；另一種則是發現自己還沒達到理想的境界，我稱之為「夢想者的錯誤期望」。在達到目標之前的任何一刻，本來就都屬於「Not yet」的狀態，實在沒有必要對自己失望，那只會讓你更喪志，甚至就此放棄。

我時常鼓勵對自己失望的朋友，「愈想學跑，愈容易跌倒」。就是因為我們對自己有所期待，所以比起得過且過的人，更容易感到挫折與失望。千萬不要因此否定自己，反而應該要先肯定自己想讓人生過得更好的決心。

生活的改變跟健身很像，一開始很容易就能感覺到自己的明顯改變，但過了幾個月就會進入停滯期，雖然還是一樣的努力，卻看不到任何醒目的成績，這就是讓很多人中途放棄健身運動的陷阱。然而這個階段，正是你最該要堅持下去的時候，也是重新檢視的契機，看看過去的計畫是否適合自己、是否需要調整。

一開始的起心動念，靠的是熱情和決心，做下決定的那一秒之後，人生彷彿進入新的一頁。但要熬過停滯期，靠的是「自律」與「恆毅力」，這兩個與人類天性相違背的心理素質，光靠喊口號很難生出來。

我一直都是做決定很明快的獅子座性格，磨練我最多的則是續航力。從決定創業到登記行號中間不過兩個月，沒想到現在已進入第十七個年頭。十七年間，我無數次萌生「公司收起來算了！」的念頭，進入一個完全陌生的市場已經夠難，要一直維持在優質的狀態更需要用盡氣力，而我最缺乏的就是那種全神貫注的大量時間與精神。

用時間的「橫軸」換取「縱軸」

但，每次我都告訴自己：「撐過十年，就是你的！」我用時間的「橫軸」換取「縱軸」，別人創業，一天能花八小時十小時專注於工作，而我能做的是「滴水穿石」。商場上能活到最後的才是贏家，正因為時間短缺，讓我能將時間軸拉長遠來看，也因此把急性子脾氣改掉了。

在家工作的十七年當中，加起來有十年的時間，身邊有個學齡前的孩子。我看著同梯的創業朋友都已經一飛沖天，甚至拚到公司都上市上櫃了，雖然我總會看著身邊可愛的孩子，自我安慰說：「我的收穫不一樣！」但從小到大習慣追求第一、求快求勝的我，一開始的確非常難受。而每次想到自己行動緩慢而感到沮喪時，「時間複利」的力量總會在腦袋裡頭鼓勵我。

我高中的數學老師從來不只教我們數學，聽他的課就像在上哲學課，要過好幾年後才能領會某句話背後的意思。有次他問：「1.1與0.9的差別在哪裡？」我們很快回答：「相差0.2啊！」老師告訴我們：「一開始的確只差0.2，但乘以十次之後，就不是這樣了。」並轉身在黑板上算給我們看。1.1相乘十次，竟然超過了2，答案是2.59374246。而0.9呢？相乘十次，0.34867844。再繼續乘下去，兩者差距愈來愈遠。

老師回頭看著我們說：「你們可能覺得停頓一下沒關係，甚至因為你們都很聰明，所以後退一點也無所謂。但千萬不要小看累積的力量。數學證明，當我們多付出那麼一點點，日積月累，就會改變一切。」十六歲時聽到這段話，只知道老師是要我們別浪費時間、更用功讀書。但年歲漸長，我對這段話的體會愈來愈深。

學生時代總有很多事情會將我們從1拉到0.9。突然迷上某一齣劇、新的才藝或嗜好，其實短期內的影響不大，想要再回到1，甚至進步到1.1，都還算容易。但我發現，出了社會、有了孩子、負起了家庭責任，真的得花上加倍的意志力，才有辦法讓自己不要掉到1以下。

每當我感到疲倦無力，腦中總會浮現數學老師認真的眼神，然後告訴自己：「可以慢，但不能停。就算是匍匐，也要前進！」

不只數學證實了這一點，牛頓的第二運動定律也是這樣告訴我們的。當我們終於克服了「靜摩擦力」踏出第一步之後，就算速度緩慢，想繼續向前並不那麼困難。但如果停下來，之後想要重新起步，就得再克服一次靜摩擦力，才能再次移動。

所以，我總是提醒自己，就算是因為家庭因素或個人狀況，而必須將成長的腳步調到「最低速運轉」，仍舊要持續前進。

否則，一旦習慣了一成不變原地踏步的生活，人的惰性就成了最大的靜摩擦力，還會隨著年歲愈來愈難改變！

理智上，我們都知道「繼續前進」很重要，但實際上要怎麼踢自己一腳呢？以下是我的三個祕訣。

祕訣一　別急，先喘口氣

意志力就像橡皮筋，不能永遠撐著，否則絕對會彈性疲乏。美國佛羅里達州立大學社會心理學家鮑邁斯特（Roy F. Baumeister）是研究意志力的專家，他在《意志力》中提到，意志力像肌肉一樣，的確是可以靠訓練而變得更強壯，然而，如果過度使用，也會跟肌肉一樣疲勞、疲乏而漸漸無力。感覺疲倦或力不從心時，別硬撐，稍作休息，先喘口氣。有時太想為自己打氣，反而愈打愈沒力。

每個人放鬆的方式都不同。比如我會去吃點亞洲菜、看看輕鬆喜劇、喝杯小酒，當天早點上床，告訴自己「明日再戰」。在鮑邁斯特的研究中也發現，前一晚確保睡眠充足，起床後吃一頓豐盛的早餐，那個早上絕對是做重要決定的最佳時機。

祕訣二　將目光放到你的初衷

我一直都有寫下目標的習慣，在一邊育兒、一邊創業的頭十年，我的行事曆中一直夾著一張備忘錄，列出從「現在」到女兒成年之前，每一年的年度目標，同時也列出今年要完成的事。

而我的皮夾裡頭，還有一張加上護貝、信用卡大小的紙條，寫著三年後與十年後的目標，以及家人與我想過的生活。正因為我將初衷與目標清楚的寫下來，所以不容易忘記。當我喘口氣，回到戰鬥位置時，我常會拿出夢想清單，再讀一遍。

「初衷」的力量很強大。我的姊妹淘Stella是三個孩子的母親，更是一位成功的創業家。有一次演講時，她說：「要當自己夢想的僕人。」我對這句話非常認同。人總有失意或疲倦的時候，維持現狀與抱怨，都比「改變」來得容易多了。若沒有一個讓我們願意為之努力的夢想，何必把發痠的腿抬起來呢？Stella創業之初，她的先生Hans在軟體公司擔任主管，每天工作超過十四個小時，就算Stella剛生下寶貝兒子，Hans也完全無法享受新手爸爸的幸福。而Stella創業的目標很簡單，就是希望先生不需要再賣肝工作，讓孩子的成長過程都能有爸爸的參與。

然而一開始，就連這個夢想的主角之一Hans都不支持Stella創業，還多次阻擋她。但因為Stella對目標態度堅定，想出各種方式來解決難題，終於，她的努力在創業十年後開花結果。現在，Hans與Stella一同經營事業，也一起陪伴三個孩子成長。

你的初衷是什麼？工作已經這麼忙碌，為什麼在辛苦工作、照顧孩子之餘，還要多追求些什麼？如果我們自己都不清楚答案，當然很難快樂的持續前進。

找個時間，寫下三年後、十年後，自己和家人想過的生活吧！反推回來你就會知道，今年該做些什麼、這一季該有什麼進度、今天的寶貴時間可以怎麼運用。

祕訣三　找個互相激勵的同伴，一起努力

跟運動健身的道理一樣，找個夥伴或健身教練，比一個人努力堅持更容易達成目標，這一點也是有研究實證的。同伴不一定要隨時在你身旁，但當我們遇到挫敗的時候，他們的存在會讓我們不容易因為自己的懶惰或怯懦，而放棄前進。當然，找一個比自己更有力量的前輩，是更好的選擇。

前面提到的Stella與Hans夫婦，我們從大學時代就認識了，一直到現在已經超過二十年。雖然彼此的個性南轅北轍，夢想也不同，但我們會一直提醒對方，不要忘記自己的初衷，也會適時扶對方一把。

在此要提醒大家，千萬要謹慎選擇圍繞在我們身邊的朋友。生活上已經有夠多的挑戰，有時家人也不一定能理解與支持我們，但我們絕對要懂得「選擇」朋友——那些總是拉著我們往後退、甚至酸言酸語的人，就離他們遠一點；而有些人只適合一起玩樂，那就在休閒時與他們一起享樂就好。當你想要學習成長時，就該找一幫能夠彼此激勵的好同學。

如果我們很清楚自己的初衷與夢想，身邊也隨時圍繞著一群能適時踢我們一腳的好同伴，同時適當給予自己喘息的空間，你一定能夠「關關難過關關過」，就算匍匐，也能緩慢前進。別小看這一點點的努力，時間的複利會讓所有的努力累積起來，像蓋房子一樣，一磚一瓦往上堆疊。

point

- 在達到目標之前的任何一刻，本來就都屬於「Not yet」的狀態，實在沒有必要因此對自己失望。
- 起心動念，靠的是一份熱情和決心，但要熬過停滯期，靠的是「自律」與「恆毅力（Grit）」。
- 找個夥伴或教練，比一個人努力堅持，更容易達成目標。
- 意志力就像橡皮筋，不能永遠撐著，否則絕對會彈性疲乏。
- 你的初衷是什麼？現在的工作已經這麼忙碌，為什麼在辛苦工作、照顧孩子之餘，還要多追求些什麼？

04

設定最適合你的「微目標」

——跟半途而廢說 bye bye

大家應該都有「設定目標」的經驗，不管是讀書、運動、理財、早起、瘦身……我們從小到大設定過大大小小各種不同的目標，有些完成了，有許多卻只能年復一年繼續努力，最後乾脆放棄。

從過去的經驗中，我發現，唾手可得的目標沒有挑戰性，難如登天的永遠達不成，反倒是「用力一跳，便有機會搆著」的微目標，能讓人持續前進。

這個章節我們就來聊聊，該怎麼為自己設定一個合理的、可以達成的、卻又能發揮潛力的「好目標」，以及如何設定最適合自己的「微目標」，一次一小步，幫助你朝著終極目標的方向前進。

很多人認為所謂的「目標」，就是你下定決心去做一件事，並且重複的去做就行了，但事實上不只是如此。所謂「目標」，是具有方向性的。無意識的重複去做同一件事，並不會幫助你朝目標前進。就好比每天晚上都看英文影集的人，英文能力不見得會比其他人好；每天跑步、游泳的人，也不代表就能完成鐵人三項。

尤其是當我們只能運用碎片時間來投資未來時，確知每次行動的「方向」，利用有限的時間來達成目標，就顯得更加重要了。

在我家附近舉辦過一場馬拉松，我帶兒子散步時，遇到了一個迷路的參賽者。他說覺得自己跑不完決定放棄，所以離開比賽路線，打算找間咖啡廳休息，沒想到卻迷路了。我們指引他方向，他不好意思的笑笑說：「其實我剛才算過了，把迷路時走的路程算進去，我應該早就已經到終點了。」的確，很多人會覺得「人生還要設定目標，太辛苦」，但在人生旅途上又是迷路又是原地踏步，其實並不會比「持續往目標前進」來得輕鬆喔！

每天除了睡覺之外，我們都在「行動」，無論是無意識的習慣動作，還是刻意安排的行程，每個人的生活，終究是由無數的「行動」組合累積起來的。差別在於，我們往哪個方向去，決定了我們抵達的位置。

你的每日累積，是別人未來的望塵莫及

當你有很多完整時間的時候，當然可以這邊試一試、那邊玩一玩，不必要求每一次的嘗試，一定得槌槌中的。但如果你能夠運用的資源有限，就要有意識的朝著同一個方向前進，行動才會有所累積。忙碌爸媽如你我，最珍貴的資源就是「時間」，同樣是一年三百六十五天過去，有些人因為每日的飲食而變得健康，卻也有人因為每日的飲食而搞壞了身體。

《原子習慣》的作者詹姆斯．克利爾（James Clear）便提到，對於有好習慣的人來說，時間是最好的幫手，每日的累積讓他得以成功；然而對於有壞習慣的人，時間則變成他最大的敵人，同樣每天過去，壞習慣讓人一步步走向失敗。因此，知道自己的「方向」且確定好前進的「行動」，每日重複練習，就算只是一點點的進度，累積起來也能有可觀的成績。

我成為「作者」的過程也是如此。沒有任何高潮迭起，只有每日持續累積。

我一開始寫文章，是因為二〇一四年搬到德國之後，成為遠距工作的老闆，省下了例行的會議和演講，日子清閒許多，加上再次懷孕，在異鄉生養孩子，生活中多出不少文化衝擊與個人學習，不記錄下來實在可惜，便在個人臉書寫下這些心情和觀

察，當時的「讀者」只有自家親朋好友。沒想到，好友小竺正巧得知前同事在找「居住異國的台灣媽媽」寫一些社會觀察，立刻想到每天在臉書碎唸的我。

在這之前，我的寫作（或是隨手記錄）都是今天發生了什麼寫什麼，最近想些什麼就記下什麼，完全沒有設定過主題與方向。當我「承諾」編輯要兩週生出一篇文章之後，我才開始對這件事認真起來。我算算自己的「產量」，既然每天都能在臉書上囉唆那麼多，如果聚焦主題來書寫，每週應該可以產出兩篇，讓辛苦的編輯們從四篇文章當中挑出一篇上稿。當下，也決定開設部落格，把所有的文章都放上去，文章即使沒被採用，也有見天日的時刻。

每晚孩子睡著之後，我就給自己一個小時時間寫作。文思泉湧時，一天就能寫出一篇兩千字；腦袋卡卡時，寫出幾百字也算交差。就這樣，一年下來，竟然累積了上百篇文章在網路平台上發表，成為專欄作家！

不久之後，我便因為大量的文章曝光而有了其他的專欄稿約，出書的邀約也一一出現。從二〇一五年開始寫文章，二〇一六年成為專欄作家，到二〇一七年我的第一本書《每一天，都為了孩子獨立那天做準備》出版了，我也晉身書籍作者，四年後的今天正在著手撰寫這第四本書。

這一切的確是無心插柳。就因為我設定了一個「每天花一小時記錄生活與心情」

的微目標，日日執行，於是實現了一件過去我根本沒想過的任務。「寫作」其實沒有你我想像中的難，許多人每天都在寫推特、臉書，或是和好友透過網路交換彼此心裡的想法。如果設定好一個方向，每天有意識的累積，「時間複利」終將成為你最有力量的武器。

我們常說自己「沒時間」，事實上研究也發現，人能夠持續專注的時間也不長，一個小時剛剛好。所以，如果能夠每天挪出這固定且專注的一個小時，朝自己的微目標前進，日積月累下來，絕對能追上專業人士。

設定你的微目標：目標也要碎片化

「用盡一輩子所有的時間，來完成一件事」聽起來很美好，但是對現代社會的忙碌爸媽來說，如何扮演好各種不同的角色，並且利用碎片時間，一次跨出一小步，這比起空有遠大的夢想，還要來得更實際，也更加重要。

當媽之前，我是一個非常喜歡設定計畫的人，尤其是遠大的計畫，三年、五年計畫不說，光是年度計畫就有一大張列表。但是，當我展開創業同時育兒的生活之後，發現腳步總是趕不上腦袋的轉速。我看著偉大的遠景，再看看懷中的嬰兒，我知道自己現階段不只是需要學習放慢腳步，更需要學著時刻鼓舞只能緩慢前進的自己。

「微目標」的設定，能讓我們看到自己的前進，確知自己真的有在進步，但又不會因為目標太過遠大，而總是讓自己備感挫折。

有一次，我與共同創業的好友一起到加勒比海渡假，乘船到一座小島上去玩。滿臉微笑、曬得黝黑的船長，邀請我與朋友一起開船，我興奮的手持著舵，享受迎風向前的掌控感。不過這時我才發現，原來在大海上航行，前後左右都是海，沒看到船長用任何儀器確認方向，他怎麼知道船該往哪裡去呢？

船長聽了，笑笑的說：「你看！遠遠的地平線上，是不是有一座小燈塔？」我努力瞇起眼睛一看，真的耶！但是，那座燈塔是我們的目的地嗎？船長說：「燈塔不是我們的目的地，在海上不用儀器，我們就是像這樣，先看著一個小目標前進，接著再往下一個小目標開過去。只要方向對了，最後就會抵達目的地。」我和好友聽了，對看一眼之後，一起笑了出來。這不就是我們這幾年共同創業的心路歷程嗎？

剛創業時，我們只有共同的遠景，空有夢想，但實在不知道該怎麼到達。怎麼辦呢？我們做的就是將遠大的夢想，拆解成三年目標、今年目標，接著回頭抓本季目標。這麼做之後就會發現，待辦事項和手上的行事曆突然之間跟著填滿了。雖然我們能夠運用的時間有限，但因為行事曆上的每個規劃都是朝著目標前進，就算很緩慢，還是能持續前進。

記得，拆解你的目標。那些沒有辦法被放上行事曆成為一件「可做之事」的夢想，終將只是幻夢。只有能放上行事曆上的 To Do List，才是能積沙成塔的重要行動。

例如，別只是說「我想要學德文」，而是要將大目標拆解成「我今年想要考過德語B2級」，再更具體的設定出「我今年暑假之前要考過德語B1」、「我今年前三個月每週都要上兩次德語課」，接著就是安排哪幾個晚上可以空出來、查詢適合的語言學校或老師、報名德語課。沒錯！這樣就能寫到行事曆上了。最好還能找個志同道合的朋友一起報名，彼此督促，可以的話，還要立刻付費報名考試，並且公告諸親友。

比平常更用力，但也不要太用力

《刻意練習》書中提到，想要讓自己不要停下來，最有效的就是「撥出固定時間，並排除所有義務和令你分心的事，好好練習」。如果覺得自己實在無法在兼顧工作和家庭之餘，還撥出兩次完整的上課時間，那就每天撥出一個小時吧！無論是在通勤時固定聽德語的教學音頻，或是睡前固定研讀一定進度，只要有前進，都是很好的。

高中時代，我因為很想要增進英語能力，所以在學校的作業與進度之外，訂閱

《空中英語教室雜誌》，也固定聽搭配雜誌的英語教學節目。因為是自己想要的，所以完全不需要有人催逼，執行起來甚至相當愉快。我的英語能力因此大幅增強，沒想到現在移居國外，每天最常用的就是英語，讓我在海外的新生活輕鬆許多。

「微目標」雖然微小，但也不是隨意就能做到的事，否則頂多只能算是待辦事項而已，稱不上是「目標」。好比專業的運動員，每一天都要練習，然而教練與運動員本身，肯定都設定了一個這一週或這個月要突破的「坎」，也就是「目標」。

所謂「目標」，就是往夢想前進的路途中，你的「現在」與「未來」之間的某一個點。能夠幫助你跨越現在的狀態，到達下一個里程碑的，才是有效的目標。

《刻意練習》提到，想要讓自己進入下一個階段，就得「比平常更用力的逼迫自己」，但記得「一點點就好，不要太用力」。如果目標設定得太難，你再怎麼努力也不可能達成，大多數人就會選擇放棄了。例如，才剛開始跑步的我，就設定在一個月後要跑完全程的馬拉松，大概練到進醫院了都不可能達成。但如果把時間拉長成一年，或許還有機會；這樣一來，便能拆解目標，設定出「半年後參加半程的馬拉松」的微目標，這才是比較合理的。

說到這裡，請你想一想，你奮力一跳能搆得到的程度，是在哪裡呢？是從完全沒時間看書，到能夠一個月看完一本書？還是每天寫一篇文章？也可以試著研究怎麼設計或優化自己的部落格或網站，不要小看這小小的成果。每天閱讀三十分鐘、快走半小時，或者是每週固定上一堂網路課程，看起來都不「偉大」，但事實上，萬丈高樓平地起，所有看起來很厲害的人事物，都是從「今天做些什麼吧！」開始的。

給自己一到三個月的時間，設定一個「努力一點就能做到」的目標吧！

找到真正的動力

當然，你設定的「微目標」，最好能符合你的初衷，完成了才有成就感與意義。不過，也不用想得太難，「微目標」的設定，並不是那麼的絕對，可以有非常多的變化，並找到適合自己的方式來達成。

以我為例，運動的意義在於維持身體健康，而我維持健康的目標，是為了家庭。因此，如果我用「報名比賽」來當作自己的微目標，就不會有什麼動力；而成為「美魔女」對我的吸引力幾近於零，所以那些「練出馬甲線」的練習，我絕對無法持續。但如果要我與孩子們一起運動，我的鬥志就高昂起來了！要是可以再與孩子共同設定一個運動項目與里程碑，親子共學會讓這一切變得非常有趣。最近女兒想學自由搏擊，我們正在搜尋適合兩人的課程呢！

在社群媒體的時代，我們受到外界影響的機會，比過去多很多。不少人連夢想都變得跟網紅或朋友一樣了。別人有馬甲線，我也要有；別人去巴黎慶生，我也要去；現在斜槓青年和創業正夯，我也要做！這種「新年新計畫」式的喊法，很容易讓人興奮又充滿活力，但不一定能持久。

一位在健身房工作的朋友告訴我，每年一月都是健身房業績最好的時候，因為過了一個狂吃又不動的冬天與聖誕節，以及充滿新希望的新年，很多人都會立志要在新的年度變得輕盈健美。但通常到了四月，經常來的會員就又回到固定的那幾位了。

朝著目標努力很辛苦，一定要有真正的動力，才能持續前進。千萬不要盲目的照抄別人的目標，倒是要花時間思考與確立自己的初衷，再由這樣的出發點，來安排寶貴的碎片學習時間，設定專屬於你的微目標。這樣努力的每一刻，才值得珍惜，也才能帶給你真正的滿足。

在達成目標之前，看起來都是失敗的。不要太糾結於「還沒跑到終點」，而是每達成一個小里程碑，就給自己一點鼓勵。

想想看，要職場爸媽挪出寶貴時間就已經很不容易了，更何況還能進步，實在是值得嘉獎。這種鼓勵可以小到一片蛋糕，也可以大到一場旅行。不過，最大的鼓舞其實是來自於「我做到了」的自我肯定！如果身邊能夠有一個給予你鼓勵支持的人，那就更好了。教練或老師，時常就是扮演這種角色的人。

德語是很難學的語言，所以我在挑選德語老師的時候，會非常仔細觀察這位老師能否讓我感覺到自己在進步，還是只會讓我看到自己實在很差。我現在的這位德語老師Susanne，就很會給學生階段性目標，並且在達成目標的時候大大讚美。雖然這不是什麼正式學位，也沒有實質獎勵，但光是老師一句「你的口語能力真的進步很多」，就讓我充滿鬥志，想要繼續努力。

完成一個微目標了嗎？好好鼓勵了自己之後，就努力往下一個階段前進吧！達成一個微目標絕對不是終點，而是下一階段成長的起點呢！

point

- 生活，是由無數的「行動」組合累積起來的。我們往哪個方向去，決定了我們抵達的位置。
- 唾手可得的目標沒有挑戰性，難如登天的永遠達不成，反倒是「用力一跳，便有機會搆著」的微目標，能讓人持續前進。
- 拆解你的目標。那些沒有辦法放上行事曆成為一件「可做之事」的夢想，終將只是幻夢。
- 能夠幫助你跨越現在的狀態，到達下一個里程碑的，才是有效的目標。
- 所有看起來很厲害的人事物，都是從「今天做些什麼吧！」開始的。
- 你奮力一跳能搆得到的程度，是在哪裡呢？

05

拒絕「完美主義」，擁抱「完成主義」

——放下偏執，前進腳步更輕盈

創作者或創業者最常告訴我的，就是「擔心自己的作品／產品不夠好」。覺得自己不夠完美，是很正常的。會在日常生活之外再努力追求些什麼的人，多半都有些「完美主義」的性格，我也不例外。

我過去時常到了演講的前一分鐘，還在修改投影片，總覺得「還可以更好」，搞得我自己和主辦單位都快心臟病。改了，或許的確會比前一版本更好一點點，但為了那「一點點」弄得雞飛狗跳，實在不是很明智。我現在學會將我的演講和分享按主題分類，每一類都有一個「基本版本」，每次演講前只要確定主題和架構，針對內容略微增刪，大約都能在一小時內搞定，早早交給主辦單位讓他們提前測試。除非有錯誤或過時的資訊需要更新，否則我多半不再修改，上台再現場口頭補充就好。

我要求自己，交出去的成品絕對不能粗製濫造。然而，用雙倍的時間讓自己從九十分提高到九十五分，這就是一種偏執了。聽眾或客戶真的能感受到這麼細微的差異嗎？我寧願將這些努力「趨近完美」的時間，讓自己多做兩次練習，一次的完美下次很難再複製，但三次的練習卻會讓你下回更容易命中紅心。

這些年的經驗告訴我，如果不懂得放過自己，別說是累死自己，同時也會讓身邊合作夥伴與家人都籠罩在緊張情緒之中，孩子們也是敏感的，我愈是緊張混亂，他們也就愈難搞。你是否也有過這樣的經驗？當你正趕著出門參加一場重要會議，孩子卻失常的在地上打滾，不願意穿鞋，其實，他們多是感受到我們的緊張，而只能用他們僅知的方式回應。

「完美主義」並沒有錯，但當「多重角色」與「時間短缺」這兩個因素放在一起時，卻很容易造成世界大戰。

寫作也是如此。剛開始寫文章的時候，我總希望交出去的稿件是「完美」的，然而往往只會愈改愈混亂挫折。因此我漸漸學會，稿子看過三遍之後，就可以按下「送出」了。接納自己的「不夠完美」讓我們至少有所產出，而不會一直停留在「草稿」

階段原地踏步。

「完成主義」能助你向前邁進

我之所以能在五年內出版四本書，並不是因為我多會寫，而是因為我抱持「完成主義」，逐漸累積文章。一週產出兩篇，一年下來就有一百篇了。有產出，才有與讀者和編輯互動的機會，我的表達方式與寫作結構才能進化得更精練。這個做法讓我累積了一定的讀者群，有些是忠實的「腦粉」，也有一些人會給我建言甚至批評。無論如何，都比閉門造車、從來沒讓作品面世更有意義。

從「完美主義」轉念到「完成主義」，讓我持續向前進，而不是偏執的在同一點上原地踏步。了解到這一點對忙碌的父母來說是非常重要的！因為我們的世界離「完美」實在很遙遠，不如確定自己每天都有「完成」了一些重要的事，確保輪子不是空轉，而能持續往前累積里程數。

也因為將目標改放在「完成」而不是細修到完美，因此能將那些猶豫偏執的時間，拿來做真正重要的事。我沒辦法將投影片做得極盡精美，但我會把演講架構與內容做好之後，花錢請專業美術設計將它「升級」，省下來的時間，就能拿來聽一堂課、寫一篇文、運動或是早點睡覺。

完成主義者需要團隊（或一兩位得力助手），能幫助你將「尚可」的成品提升到「專業」水準。例如，美術設計對我就十分重要，我時常將公司重要文宣的架構，手寫在紙上，拍照傳給我們的設計總監，他幾個小時就能做出超級專業精美的成品，讓我「WOW」的眼睛一亮。我寫書、寫文，也需要很懂我的編輯，因為「產出文字」對我來說並不是最花時間的，要將腦海中五花八門的內容，有邏輯的整理成全書章節就需要他們的專業，為整本書理出架構。

我的公司總共經營了十四個臉書粉絲專頁和四個社團，其中我親自管理了五個專頁，也參與每個社團的發文和活動設計，甚至親自回覆所有的留言。許多人問我「怎麼有時間？」，祕訣就是「完成主義」！

當我思考好要發布的活動或內容之後，便用手機草擬七八成的內容，設定上線時程。在正式發布之前我或許會修改幾次，並補上表情符號和照片，發布之後，再依照受眾的反應與公司內部群組的回饋做調整。用這樣的方式，從發想到發布只需要幾個小時，絕對不會費時三天三夜還停留在企劃的階段，節省了很多時間。當然，也會有成果慘烈的時候，那就打掉重練吧！

「完成主義」也能應用於家務事，真的不在行，或者完全沒有時間做的，不妨委託專業。例如我有位好姐妹非常討厭打掃，請專業家事公司每週來家裡兩次，花一點金錢讓忙碌的她可以喘口氣，省下來的時間便可專心陪伴孩子，她認為這筆錢花得非常值得。或者，有些爸媽下班的時間都晚了，偶爾叫個外賣，或定期採購健康營養的即食品放在冰箱裡，都能讓自己輕鬆點。

我生第一胎時，事必躬親，堅持不讓孩子吃罐頭副食品，然而廚藝不精又剛創業，實在很難做到很好；到了德國生第二胎時，原本也打算親手製作副食品，婆婆一句「你不如睡飽一點」讓我突然清醒了！人生中有一些堅持是好事，但如果堅持到讓自己太辛苦，可能造成反效果喔！以下就跟大家分享幾個「完成主義」的小祕訣。

祕訣一　寫下每日的「重點三項目」

簡化目標，才能持續！這世界上有太多可以完成的夢想了，如果每天都覺得「好多事要做」、「我沒時間，我做不完」，久而久之就會感到疲乏和無力。不如將目標簡化成三個，就三個就好！但要求自己一有時間，就要執行這些事。事實上，就算只完成了一項，也是前進了一步。

在前一天下班前或晚上睡覺前寫下三件事，可以讓你對明天有更好的準備，也可以在每天開工的第一個小時思考並寫下今天的待辦事項。

祕訣二　告訴自己今天做得很棒

「放下嚴苛，給自己多些鼓勵」是我送給忙碌爸媽的絕對忠告。我們往往傾向於認為自己「沒辦法」或「做太少」，卻很少告訴自己「做得好！」，不要期待其他人來告訴我們，自己就可以對自己說：「今天雖然得忙孩子和工作，但還是完成了，意志力和堅持力真是驚人啊！」不必等到一百分才能鼓勵自己，只要完成了「重點三項目」就很值得給自己掌聲。

當然，也別忘了用這樣的正面態度來面對另一半，兩人都在忙亂生活中盡力完成些什麼，就算是一頓晚餐、整理了換季的衣服，或者寫了一篇文章、聽完了音頻課程，都很值得讚美。

祕訣三　你的身邊需要幾位啦啦隊

正面積極的環境，讓我們更有持續的力量，換個方式說就是「離開或盡力避開負面的人事物」，特別是那些總是告訴你「還不夠」的人。減少與他們的互動，可以讓你將能量集中在對的事情上。誠實的說，沒有人是完美的，但我們不需要一直被提醒這一點。

我有幾個好朋友，無論我第一次做蛋糕、嘗試經營臉書社團、出版第一本書，甚至只是換髮型，他們都會給我正面又不失中肯的意見。這些好朋友不會讓我忽視自己該成長之處，但是他們讓我知道，我絕對擁有充足的正能量能做到更好。就算我不是最好，他們仍舊接納我，知道這點讓人很放心呢！

祕訣四　勇敢接受建言，持續調整

面對指正或建議，別認為對方是針對「我」，將焦點放在「如何把事情做得更好」，可有效減少心裡的抗拒感。正因為事情做得不夠好，更需要願意告訴我們真相，且能提供建設性意見的人。

例如剛開始學語言時，難免發音不標準，或單字怎麼背都記不起來，聽到別人的指正時，很容易認為對方是在嘲笑或批評而感覺挫折；但若能坦然接受，甚至請教對方怎樣能做得更好，可能得到意想不到的好點子，來幫助自己學得更快、更好。

沒有人是完美的！同樣的，也沒有任何一件事能執行到完美、不需要修正。放下凡事都要一百分的偏執，樂於接納自己「還在學」、「還不夠好」，而持續成長調整，反而會感覺輕鬆些。肩上的重擔放下了，前進的腳步也就更加輕盈！

point

- ➜ 用雙倍的時間讓自己從九十分提高到九十五分，不如早點上床睡覺！

- ➜ 一次的完美下次很難再複製，但三次的練習卻會讓你下回更容易命中紅心。

- ➜ 人生中有一些堅持是很好的，但如果堅持到讓自己太辛苦，可能造成反效果。

- ➜ 不必等到一百分才能鼓勵自己，今天就對自己說：「你今天雖然得忙孩子和工作，但還是完成了＿＿＿＿＿＿＿＿＿＿＿＿，意志力和堅持力真是驚人啊！」

06

忙碌爸媽的時間使用說明書

——隨著孩子成長，滾動式調整

對我來說，能夠隨著孩子成長階段而調整事業與生活的步調，是很幸福的。這十七年在家創業的時間裡，因應孩子不同成長階段，我的工作分量從「完全歸零」到「全力衝刺」，各種狀態都有。大量工作所帶來的事業成果當然相對豐碩，但畢竟我的身分不只是創業者與老闆，更是兩個孩子唯一的媽媽，需要保留適度的彈性。

接下來，我們將按照新生兒、學步兒、學齡兒、青少年這四個孩子的成長階段，來談談爸媽有哪些任務，以及該如何安排個人時間。

在爸媽著手安排自己的時間之前，要先有一個認知，那就是——人生本來就有不同的階段，「階段」代表的是現在的狀態，並不是永久不變，而是終究會過去的。接受了這一點，才比較容易保持彈性。

就算很清楚初衷是想在家陪孩子，但工作與事業的成就，對我還是十分重要。十多年前剛當媽的我，認為「工作效能受孩子影響」等於「無能」，因此一得知懷孕就大聲對客戶和夥伴宣告：「生完孩子，我馬上就會回到工作崗位！成為媽媽，對我的工作不會有任何影響。」

懷孕時，也是我生產力最高的時候。那時我只有二十七歲，一人吃兩人飽，完全不認為當個孕婦會有什麼挑戰，帶球跑透透是我的生活日常，走到哪，肚子裡的孩子就跟著我到哪，還覺得挺方便的呢！當時我已經辭職，成天思索創業的計畫，嘗試不同的可能性。就在臨盆前一個月，我挺著超大的肚子，將工作室的申請書送到了市政府，正式開始創業人生。

正當我為了個人事業走入新的階段而欣喜不已的時候，女兒在預產期當天誕生了！我記得自己在陣痛之間的空檔，不是準備住院生產的用品，而是拿起電話，趕緊聯絡協助接手的團隊夥伴，因為我的工作室承辦的第一場婚禮，就在一週之後！在公司第一位客戶的婚禮當天，我不顧家人反對，把剛出生的女兒託給家人，奔到會場確認一切安排妥當，與新娘大大擁抱之後才放心回到女兒身邊。

現在回想起來好像挺精采刺激的，但這也是我創業後學到的第一課——千萬別把自己逼得這麼緊。

我很幸運，有個能力超強的團隊，客戶也十分體貼，讓一切順利進行。但如果中間出了任何差錯呢？我真的有必要在預產期前後，接下這麼重大的案子嗎？更別說，這中間因為安排所有事務弄得人仰馬翻。我發現自己「凡事抓緊緊」的偏執態度，極有可能做出錯誤的判斷而後悔不已。無論是冒著搞砸的風險，或者犧牲我與孩子相處的時間，都不是我創業的初衷。

當時我第一次餵母奶，手忙腳亂，晚上睡不好，白天工作也不能補眠，作息亂七八糟不說，心情也大受影響。雖然看起來，我好像「搞定」了一切，但其實「搞砸」了我與孩子第一個月的生活，我驚覺自己不像以前一樣享受工作。該繼續假裝自己仍是過去的凱若？還是乾脆承認，其實現在的我，寧願回家抱孩子？

其實，人本來就會因為進入不同的階段，而有不同的渴望與喜好。強求自己樣樣都要保持原本的模樣，只會讓自己愈繃愈緊，甚至理智線斷掉。不只是母親，父親也是一樣的。在男主外女主內的傳統社會型態中，很多父親忙著賺錢，因此和孩子不親，然而我有許多新時代爸爸好友，他們升格人父之後，寧願多花些時間陪孩子。如果工作上不做些調整，他們也會感覺壓力很大，很不快樂。

我們必須接受事實——成為父母之後，人生再也不同了；我們在為工作負責的同時，也必須為孩子做出一些改變。

過去那種「犧牲家庭，才能證明自己工作很行」的觀念早已過時，隨著晚婚與不孕的機率愈來愈高，「為人父母」對現代人來說，漸漸成為一種選擇與幸運。我生養第一胎的時候社會的風氣還不是如此，我時常要面對「帶著孩子怎麼工作」的質疑，也一直想要證明自己有個子宮並不會比較弱。

相隔十一年再次懷孕生子，我創業與在家工作的生活方式，卻讓許多父母羨慕，還因此受邀演講與出書分享經驗。這是多大的轉變啊！

現在，正是你依照自己期望去設定理想生活方式的時代，別再被自己或其他人過時的觀念綁住了。至少，你絕對是可以逐步脫困的。

對成人來說，三年或許不是很長的時間，在孩子身上卻會發生翻天覆地的改變。三年，一個新生兒可以長成學步兒；學步兒三年內成為學齡兒童；而小學畢業的孩子，三年後就成為青少年；再過三年，他們就成年而準備離家了！我發現自己安排生活與工作的節奏，大概也是每三年過一個「坎」。

先做好心理準備，就不會感覺生活「總是」被孩子牽著走。除非連續生四五個孩子，否則這些必須配合育兒而調整步調的日子，終究是會過去的。我知道當下很難這樣理智思考，但事實的確如此。我的先生Jascha二十五歲時成為父親，他曾以為這種被孩子「奪權」的歲月大概會維持一輩子，但現在我家兒子即將上小學了，他卻發現自己還沒準備好讓寶貝離開家超過五個小時呢！

接下來讓我們來聊聊，在孩子各個成長階段中，如何設定父母的「任務」，並持續成長與前進。

階段一　家有新生兒

➜行事曆請見頁104

- 父母首要任務：享受與寶寶共處的時間
- 時間安排重點：工作育兒之餘，多休息

每當一個新成員誕生，家裡總是會有一段兵荒馬亂的時期。即使我是個有經驗的媽咪，小兒子的出生，同樣會改變當下的優先排序。

有了十七年前生女兒的經驗，我告訴自己，這一次一定要好好享受與兒子共處的時間。就算無法完全不工作，也要放下「趕快回到工作崗位」的心情，給自己充分的時間休息。

生第一胎時，我只有二十七歲，終日期望孩子快快長大、趕緊斷奶、趕快自己睡吧！媽媽我想要趕快從把屎把尿的日子裡解脫！生兒子時，我已經快要四十歲，對我來說，每一次餵奶都可能是兒子「需要」的最後一次，每個和兒子一起睡的夜晚，都離他「不需要媽媽陪」的那一天愈來愈近。珍惜可以「浪費」在孩子身上的每一分鐘吧！因為我們不是客戶的唯一，卻是孩子的唯一。

這個階段，父母需要花費大量的時間和體力來陪伴孩子。所以，我給新生兒家長的建議是「善用政府與公司的福利，放自己一馬，好好休息」。就算現實情況無法提供完美支援，也不要把自己逼得太緊。通常主要照顧者的一整天會重複無限次餵奶↓哄睡↓換尿布↓陪玩的循環，我會每天設定一個主題，為一成不變的育兒生活增添小樂趣。例如，週一我會找個好玩的地方帶寶寶出門放風；週二和週四安排鐘點保母來幫忙，我好專心處理工作或家務；週三帶寶寶到爸爸公司附近，共進午餐，下午則順道採買日用品、在外面透透氣；週五約朋友午餐、聊天，下午接爸爸下班。

生產之後，媽媽需要恢復的不只有身體，還要適應身為人母的角色轉換。這時的爸爸，請別把事業或個人生活安排得太忙太滿，多給另一半一些陪伴與支援，對媽媽來說是很重要的，對爸爸自己也一樣重要。

兒子是我的第二胎，卻是Jascha的第一個孩子。從我懷孕開始，他就非常積極參與每一次產檢。孩子出生後，他會刻意支開我，自己練習幫兒子換尿片、洗澡，就算動作不熟練，他也樂在其中。他認為，這是人生唯一與兒子共度所有第一次的寶貴時光，一定要親自體驗。

我看著 Jascha 對堅持參與兒子的成長，總是很感動。這段時間，我們兩人都放下了原本自己想做的事，我暫停發展公司與事業，收入當然也是。而他原本計畫一邊工作、一邊完成學業，還要學中文，除了必要的人生角色之外，其他規劃也都暫時喊卡。

在這個過程當中，Jascha 也曾忍不住覺得：「隧道的出口到底在哪裡？我該不會一輩子都要把屎把尿了吧？」不只是他，我也會擔心事業，還有好多想做的事啊！幸好，過去的經驗告訴我，這段時期一定會過去的，而且比我們想得還要快。

階段二　家有學步兒

↓行事曆請見頁105

- 父母首要任務：建立家庭常規與行事曆
- 時間安排重點：重拾想學的、想做的事

新生兒很快就進入了學步兒時期。學步兒身心發展很快，第一次吃副食品、踏出

第一步，甚至交第一個朋友，都在這段期間發生。短短幾年時間，他們很快就要第一次離家上幼兒園了。

我生第一胎的時候，總是後知後覺。新手媽媽加上新手創業，有太多我沒想到的狀況題一個個出現，每每到了抓狂邊緣，才開始思考應該可以怎麼調整，這實在很耗費精神。所以，在孩子出生之前，比起研究要買哪一款推車或哪些育兒產品，爸媽更應該好好討論孩子照顧者的安排，像是育嬰假怎麼請、是否要找保母、何時讓孩子上幼兒園，並且開始蒐集資料做功課。

能夠陪伴孩子走過學步兒階段，是很珍貴的經歷，這些第一次，孩子長大後或許會忘記，但爸媽會記得一輩子。

孩子的作息會影響父母的時間表，而父母的行程也會影響孩子的作息。在這個階段，爸媽最重要的任務，是建立家庭的常規（請見頁130）與行事曆。

把工作、育兒的時間安排好之後，也別忘了開始每天挪出一點點時間，留給自己。從十五分鐘、半小時的碎片時間開始，隨著孩子作息漸漸穩定之後，就能夠逐步增加到一天超過一小時，甚至更多。如果你想規劃大一點的目標，學步兒階段也是最好的時機之一。有任何想學的、想做的事，不妨在這個階段開始安排。

我與Jascha在兒子兩歲半的時候，重新開始學習對方的母語。我學德文，Jascha

學中文。每天晚上，我們也會將睡前時間留給彼此，好好的相處、聊天。你會發現，花在孩子身上最多時間的階段，轉眼之間已經過去了！

階段三　家有學齡兒

↓行事曆請見頁106

- 父母首要任務：陪孩子適應小學新生活
- 時間安排重點：將碎片時間轉換成塊狀時間

從學步兒到學齡前的幾年之間，爸媽和孩子彼此找到了穩定的作息和相處方式，直到有天接到通知單，爸媽眼中的小小孩，就要背起書包上小學了，這對很多家庭來說都是很大的改變。孩子每天待在幼兒園的時數，普遍多於小學，所以對父母親來說，孩子上小學起的課後行程與接送，又得重新安排了。

在這裡提醒爸媽，孩子每到一個新的階段，都需要適應期，爸媽也一樣，所以大原則同樣是「別逼太緊」。爸媽暫時放下一些想做的事，花上幾個月的時間，陪孩子適應小學新生活，也讓自己有機會喘息。在開頭階段多花一點時間陪伴孩子適應，能建立起親子間良好的默契，彼此都能比較平和的進入新的階段，爸媽也能將碎片時間逐步轉換成塊狀時間了。

在這個時期，對父母個人時間影響最大的就是孩子的睡眠時間。無論是選擇比孩子早起，還是比孩子晚睡，可以視自家狀況決定最適合的做法，並且跟家人一起討論，排出新的「家庭行事曆」。

學齡兒童也可以再細分為十歲前與十歲後兩個階段。孩子十歲之前，我還會幫忙看功課、提醒要帶的東西，等到孩子十歲之後，我就不再這麼做了，孩子忘了帶東西，我不會幫忙送到學校，因為高年級是訓練孩子獨立自主能力的重要時刻，為了下一個階段「青少年時期」預做準備。

階段四　家有青少年

↓行事曆請見頁107

- 父母首要任務：慢慢放手，養成準大人
- 時間安排重點：轉職與創業都是可能選項

在學齡兒階段，孩子的生活常規如果能保持穩定，也學會獨立自主，那麼孩子在青少年階段就會過得比較順暢；反之，如果基礎沒打好，到了這時期加上了荷爾蒙與

壓力，絕對會更加混亂。

青少年階段，應該是爸媽最能夠規劃自己生活的時期，然而，許多爸媽卻反而覺得心理壓力變得更大了。爸媽請時時提醒自己「慢慢的放手，給彼此自由」。有些事情該讓孩子自己處理，就不要插手變成父母的工作；家務事也該共同分擔。

青少年父母的任務應該是教出一個成年人，而不是豢養一個大孩子。爸媽有了這樣的認知和安排，也等於為自己爭取到更多的時間。以我們家為例，女兒的早餐基本上都是自己打理，就算我已經起床了也是一樣；到了假日，女兒還會打理全家的早餐，讓我睡晚一點。現在，快十七歲的她，甚至會在我不在家時，主動整理廚房、洗碗、洗衣，好讓我一回家就可以好好休息。

這階段的爸媽進入了中年，是職場上的中堅份子，有不少人會面臨到「未來幾十年是否還要做同樣工作」的問題，轉職與創業都是這階段的職場爸媽可能的選項。我認為「中年創業」是一大利多，一般來說，中年職場爸媽比孩子剛出生時更加成熟，也有更多的歷練與資本，此時規劃創業（特別是兼職創業）會比年輕時更沉穩，也更無後顧之憂。

我四十多歲搬到西班牙，又與先生共同創立新的電商選品平台MiVida，這時我不再為了下一餐而工作，更能依照自己的風格來做事，這讓我十分樂在其中呢！

青少年父母的自我成長，也容易影響孩子，甚至帶動孩子一起學習。當青少年看到自己的父母並不是停滯不前、悶悶不樂，陷入「中年危機」，反而樂在學習，每天精神奕奕，那麼孩子對於自己的未來，也會有更多的期盼。青少年與父母較容易安排「親子共學」，因為孩子已經不再是被帶領著，有時甚至是大人最好的學習夥伴呢！

Jascha前幾年填寫求職履歷時曾經問我：「要不要把『我是爸爸』寫進個人簡介裡頭？我覺得自己做了父親之後，成為了一個不同的人。『當爸爸』超過所有的學經歷。」的確，這些年來我經歷過懷孕、家有新生兒、瘋狂學步兒、學齡兒童，到家有青少年等不同的階段，我發現，自己也隨著孩子的成長而學會自我改變調整，甚至因此觸發了我發展不同的事業領域，這也是以前的我所想不到的事。

父母的確辛苦，但我們也因此得到更多的養分。把花在孩子身上的時間也當作一種「上課」，或許也是利用碎片時間學習的另一種詮釋吧！

point

- 我們必須接受，成為父母之後，人生再也不同了；我們在為工作負責的同時，也必須為孩子做出一些改變。
- 很快的你就會發現，在孩子身上花最多時間的階段，轉眼間就過去了。
- 孩子每到一個階段都需要適應期，爸媽也一樣。
- 父母的任務應該是教出一個成年人，而不是豢養一個大孩子。
- 珍惜可以「浪費」在孩子身上的每一分鐘吧！我們不是客戶的唯一，卻是孩子的唯一。

輯二

準備篇

讓全家好好生活──家庭行事曆

一份運行順暢的「家庭行事曆」，融合全家人工作與生活的節奏，讓每天進行得更愉快順利。全家人按照規劃的步調，擁有充足的睡眠、健康的飲食、工作與學習的動能，以及彼此交流相處的時間。

07

建立「家庭行事曆」前的心理調適

——根據現狀，調整期望

「你，對成功的定義是什麼呢？」

我在成長階段、創業起步期，甚至直到今天，都時刻在腦中問自己這個問題。而它的答案，則隨著我進入不同的人生階段而發生變化，也可以說是不停「進化」。

每個人對於成功的定義不同，帶領他們走向不同的人生模樣。就如成功學暢銷作家賽門・西奈克（Simon Sinek）在他著名的「黃金圈法則」中提到的，我們都被內心的「Why」所引導而行動。然而，許多人以為很了解自己，在勾勒夢想版圖與追求理想生活時，信心滿滿的告訴自己和他人：「這就是我想要的！」目標到手之後，卻發現自己並未感到快樂與滿足，之所以追尋那些夢想，只是因為身邊的人一再告訴他們：「人生就應該得到這些。」

曾經，我認為「成功」只與學業和事業相關，當個好學生、有份好工作，才稱得上是「成功人士」。然而隨著年歲漸長，人生的角色愈擔愈多，我才慢慢體會到，人生若只有事業成就，實在很可惜，沒有任何一個人的人生是由單一元素所組成的，我們都是許多角色的集合體。

我的第一本書《每一天，都為孩子獨立那天做準備》書寫我從台灣移居德國的媽媽成長心得；第二本書《我在家，我創業》分享十多年來在家創業的經驗與心法；第三本書《我們在德國ＩＢ學校學到的事》又回到母職與孩子的教育上。我的書有的被放在商業類，有的被放在親子類，然而熟悉我的讀者都知道，我的教養方式離不開我是個「創業者」的影響，而我的事業經營也無法與「我是媽媽」的現實切割。

我寫不出一本完全不提到孩子的商業書籍，也無法出版一本「純媽媽書」，只討論親子教養而與我的創業人生毫不相干。不只是我，沒有任何人的生活，是可以這樣完美「切割」的，我們都在各種角色之間跳躍穿梭，試著不要掉進情緒或壓力的洞裡，避免將一切攪成一團爛泥，努力前進！

因此，重新再問自己一次：「你，對成功的定義是什麼？」

這時，你應該會知道，一個能理智思考的人，不會只希望自己事業有成。我們是父母，自然不希望將這個角色給搞砸；我們也是別人的孩子，更無法輕言「做自己」就一切不理。對我來說，全天下最重要的就是我的孩子。然而我也不能忘記，得要用心經營事業，那不但是家庭的金錢來源，也是我實現自己與回饋社會的舞台，我可以緩步前進，但絕不能荒廢。

而同時間也要意識到，我的父母年歲也增長了，當我、孩子與我的事業逐漸成熟，孩子七到十歲這三年，或許小家庭的生活型態改變不大，但我的父母親卻跨入了七十五歲，我絕對無法只想著照顧孩子而已。

隨著現實狀況調整期望

看到這裡，不妨拿張紙畫出接下來十年的列表，並且把自己、另一半、孩子、父母的年紀，以及你事業的年資，都寫在年份的旁邊，這樣你才能看清楚接下來每一年的「真實世界」。與其因為四十歲生日到來而感到焦慮，不如用心看看你所愛的每個人正在面對的人生階段，而我們，是否能夠彈性配合著？

身上的責任愈多，我們也得更理智成熟的告訴自己：「調整期望吧！」

女兒出生時，雖然正值創業初期，我還是選擇了親餵母奶，每三個小時就得要餵奶或擠奶一次，雖然事業發展因時間短缺而相對緩慢與謹慎，但我做了這個決定，也就歡喜接納代價。當孩子開始上幼兒園，不再需要我時刻陪伴，我便學著緊密的利用那三到五小時的時間，將工作節奏調快。

移居德國的頭幾年，先生念書，我在家工作與帶孩子。外表看來還真是個家庭主婦，但事實上，我得負起養家活口的重任，孩子要顧，事業也不能放，那段日子真的是辛苦。然而，我很少感覺「心苦」，現實有什麼需求，就依照當時的狀況與手上有的資源調配安排。

苦，很多時候是與「別人」或「自己」的期望相比，才生出來的。

別再期望自己像那個剛從研究所畢業的新進同事一樣，能心無旁騖的衝刺升遷；別再羨慕別人下了班可以去進修，而自己得回家煮飯；別再抱怨「Me Time」變得好少，坐下來只想睡覺。我們就是與他們不一樣。我們有家庭，身上背著很重要的任務。我們就像是漫畫《每日星球報》的呆頭記者克拉克・肯特（Clark Kent），擁有超能力卻沒人知道，下了班就變身去拯救世界！

當我們放下「別人都可以……」和「別人都有……」的想法，自然不再對自己所擁有的嫌東嫌西，心懷不滿。我們「可以」做到的，可能比單身貴族多更多。我們知道怎麼在不同角色之間轉換而仍舊保持耐心；我們能說服一個三歲兒在十分鐘之內穿好鞋，同時把自己打點好；我們能在高鐵上化妝變身，從媽媽轉身一變成為面對千人的講師；我們能在下班回家三十分鐘內，盯孩子寫作業同時把全家晚餐端上桌（以上全是我的親身經歷），上班族媽媽能做到的許多事，很多花三小時化妝還遲到的女孩，可是望塵莫及。

我在成為 Working Mom 的時候，調整了以下這幾個期望：

期望一　對時間的期望：從「完整時段」到「碎片時間」

我的時間不再是我自己說了算，孩子（特別是新生兒）有他們的節奏，需要大人去配合。我們或許可以逐步調整，但終究不可能如單身時一樣，享受完全不被打擾的時間。事實上，我每本書都是利用每天一小時的碎片時間一篇篇寫出來的，我知道，這樣零碎切割的做事實在不是最有效率的方式，但這就是生活的現實。

放下「得有完整三小時才能做好一件事」的期望，轉換成「現在有半小時，能做些什麼呢？」，比較不會感覺沮喪與充滿壓力。十分鐘看一個主題的學習影片、三十分鐘讀一段外文新聞，懂得把握碎片時間，比擁有很多時間來得更重要。

期望二　對速度的期望：從「全力衝刺」到「持續前進」

我曾經很羨慕全職創業者，他們之中很多人要不就是單身未婚沒小孩，要不就是男性，能全神貫注發展事業，速度感十足。然而若要我改變生活型態，把全部時間都投注在創業上，那也不是我想要的，能怎麼辦呢？就接受現實吧！

人生就如龜兔賽跑，不是以速度取勝，關鍵在於能否持續前進。許多擁有大把時間的人，反而會浪費在應酬與玩樂之中，我們沒有這些餘裕，但仔細想想，贏了百米衝刺又如何？能堅持努力十年不間斷，才是真功夫！

期望三　對自己的期望：從「我就是這樣」到「我還能改變」

人總有從小到大的脾氣與習性，成為母親之後，「習慣」讓我吃了很多苦頭，老是想用習慣的方式，忽略了可能有另一條路，但我努力學習調整。

決定居家工作，便得學會使用遠距工作需要的每一種軟硬體。早在很多人還以為「雲端」是個真實存在的地點時，我的公司已經開始使用線上系統來管理和共同編輯所有內部文件，也常需要自己想辦法解決電腦和網路給我的各種狀況題。

以前我會推說「我就是個電腦白癡啊」，但這樣是無法解決眼前問題的，還不如「閉上嘴巴，多學著點」。

不會開線上會議、不會聽音頻課程？學，就會了；沒用過 Google Drive、OneDrive 或各種 drive？邊用邊學就對了。我們過去所學的，在未來十年內可能就過時無用，能夠持續學習進化，才是存活的王道。

調整了這三種期望，幫助我平靜內心，得以配合當下的現實，以自己的速度穩定前行。減少了期望落差造成的壞情緒與挫折感，很奇妙的，後面的路走得特別順暢。當我們把期望放到符合現實的標準，就不會苦苦逼死自己，仍然感覺時間不夠用。沒錯，我們是沒有大把光陰可以支配，但也絕對不會因此就全盤皆輸。

有些人或許認為我是「成功者」，但我認為自己是個「生存者」。我努力用手上僅有的所有資源（有時甚至算不上好牌）去經營我的理想生活，去追求我自己所定義的「成功」。今日，我是數位游牧者，住在陽光滿滿的西班牙，一間不算大的承租公寓裡，透過網路，遠端遙控著繼續成長的台灣公司，也仍舊在家陪伴五歲和十七歲的孩子，仍舊日日煮食、清潔，操持家務。

我的事業成就絕非獨角獸，也不是什麼成長最快的企業，但各種業務發展持續在前進；我不是完美主婦，常做出發不起來的麵包，家裡也無法隨時維持得像雜誌圖片般整潔，偶爾也會發飆，但我確信自己是個很好的媽媽與伴侶。我聆聽，用我會的所有方式表達我的愛，我盡力而為；我看書無法像過去一樣快速，也會延遲交稿，公司和孩子時常占據九十%的心力與時間，但我仍舊為自己安排上課（實體或線上的課程都有），每天保留一小時空檔寫點東西，還是能繼續出書和學新玩意。

有點妥協，有時狼狽，但這才是一個沒有濾鏡、有血有肉的真實生活。

再次問自己，你定義的成功，是什麼樣的生活樣貌呢？

有天意外看到女兒寫的一篇文章，老師給的題目是「你認為的成功人士是誰？為什麼？」而女兒寫的，是我。當時我真是讀得淚眼潸潸。

她寫著：「很多人認為，『成功人士』等於事業上非常有成就的人，但我認為真正的成功，除了擁有事業上的成就之外，還要能夠付出時間給家人親友，並有著一顆仁慈的心。

「我認為我的母親是真正的成功人士。她在懷我的時候創業，卻沒有因為事業而忽略了我們，她花時間聆聽我，做我的朋友，同時也是她朋友最好的支柱。我希望有天，我也能成為像我母親一樣的『成功人士』。」這些絕對是溢美之詞，我肯定沒有那麼好，然而我知道自己在過去這十多年內，的確盡我最大的努力，扮演好這些角色。

一個真正扎實的夢想與目標，是根據手上現有的資源，一磚一瓦搭建起來的。別人所擁有的都是雲朵與彩虹——很美，但不屬於我們。我們現在能夠掌握和控制的，才是真正的「材料」，只要每天用心砌磚蓋瓦，就算緩慢，終究有完成的那一天。

point

- 懂得把握碎片時間，比擁有很多時間來得更重要。
- 放下「得有完整三小時」的期望，換成「現在有半小時」，比較不會感覺沮喪與充滿壓力。
- 人生就如龜兔賽跑，不是以速度取勝，關鍵在於能否持續不斷前進。
- 我們所學的知識和技能，在未來十年內可能就過時無用，能夠持續學習進化，才是存活的王道。
- 與其因為四十歲生日到來而感到焦慮，不如用心看看你所愛的每個人正在面對的人生階段，而我們，是否能夠彈性配合著？

08
讓爸媽能呼吸的「家庭行事曆」
——維持家庭運作順暢之必須

當了爸媽後，每天的時間表是否就被孩子的「吃喝拉撒睡」牽制住了？而且一路下去還有好多年啊！很多父母都會因此感嘆：「擁有了孩子，也就失去了自我。」有趣的是，許多人認為「有孩子，人生才完整」，卻沒想到，爸媽最渴望的就是重新擁有完整的「時間與靈魂」啊！

我也曾認為，父母為了孩子放下一切是天經地義、理所當然的，多年後再回頭看，其實我們不必然也不應該「全然犧牲」。一個家的所有成員，就像共同划著一艘船前進的夥伴，每個人同時是主角和配角，互相協調配合，才能達到共同的目標。如果整個家長時間單方面繞著其中一個人轉，卻犧牲了其他成員的需求，這個團隊絕對無法長久且快樂的持續合作。

這十多年下來，我發現要維持家庭運作順暢，一張包含全家人行程、且顧慮到每一個人需求的「家庭行事曆」，是非常重要的。家庭中的成員都按照規劃的步調，擁有充足的睡眠（而不是媽媽總是睡不飽）、健康的飲食、有生產力的工作與學習動能，以及彼此交流相處的時間。做好家庭時間管理的終極目標，不只是「生存」，而是好好生活，以及每天能騰出一定時間，為自我成長與完成夢想而努力。

我們要做任何改變之前，第一步就是檢視現狀。

請先花點時間，回憶或記下你們一家人一週大致的行事曆現狀。每個家庭成員各在一張紙上，寫下自己一週當中固定要做的事項和時段，比如上班、上學等等。重頭戲來了——所有成員畫好自己的行事曆之後，一定要全部謄在同一張紙上！讀者可以參考下頁的範例，一個人選擇一種代表色，將全家人的行事曆統整在一起。因為家人的時間是彼此連動的，大家的行程都放在「同一個行事曆」內，才方便彼此協調。

除了各自上班上學的時間之外，剩餘的時段就可以利用「家庭行事曆」來規劃時間運用與家庭分工。舉例來說，我和先生會利用孩子上學的時段完成各自的工作，也會將我們想一起做的事，如學習西班牙語、運動健身、約會，安排在這個區塊當中。

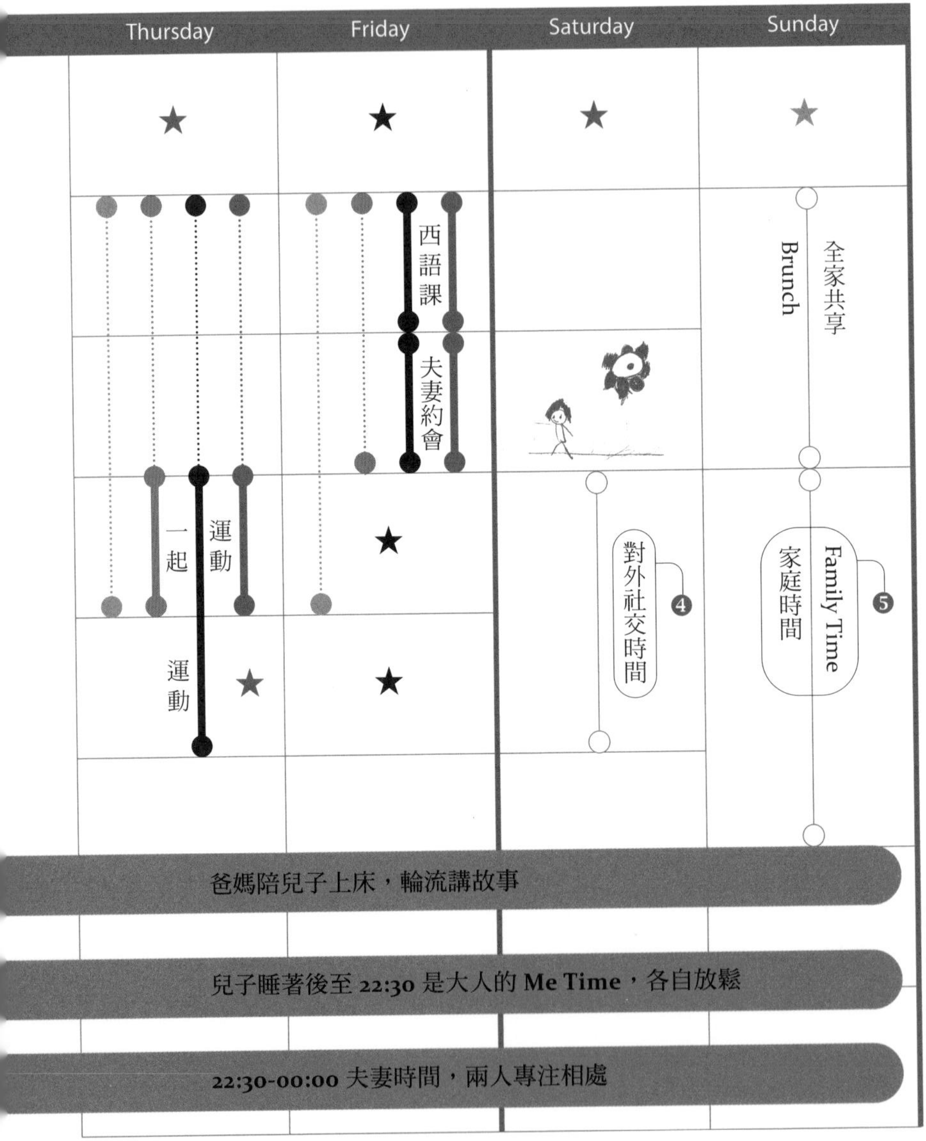

使用方法

1. 視家中實際狀況，在各區塊填入大致時間，精準的時間可寫在各活動旁邊。

2. 每位家庭成員各選一色，全家活動也有一個專屬色。

3. 先畫出各自固定工作、上學的時間，除此之外的時間都可以利用「家庭行事曆」善加規劃、運用。

4. 家庭中的重要事項（以我家來說，就是準備早餐、接送兒子、準備晚餐）可和家人共同協調輪值。

5.「想做的事太多，而時間卻太少」時，請執行「行事曆斷捨離」（請見頁 119）。並做滾動式調整，定期重新檢視，保留彈性。

凱若家目前使用的家庭行事曆

Time	Monday	Tuesday	Wednesday
Early Morning 起床／早餐 6:00-7:00	❶ ★	★	★
Morning 上午 9:00-13:00	上學 上學 工作 工作	西語課	運動
Noon/ Lunch 中午／午餐 ❷ 13:00-15:00			
Early Afternoon 下午 15:00-17:00	★	★	★
Afternoon 傍晚 17:00-18:30	運動 ★	★	❸ 17:30 中文課 ★
Dinner 晚餐 18:30-20:00			
Night 餐後 20:00-21:30	爸媽陪兒子上床，輪流講故事		
Bed Time 睡前～就寢 21:30-00:00	兒子睡著後至 22:30 是大人的 Me Time，各自放鬆 22:30-00:00 夫妻時間，兩人專注相處		

虛線……代表每日例行的上班／上學時間

代表顏色
- ● Dad
- ● Son
- ● Mom
- ● Daughter
- ○ Family

補充說明
❶ 星星★代表「值日生」：必須保留時間給家中重要事項，不能排其他事。
❷ 配合西班牙當地的作息與習慣，我們的午餐時間較晚。
❸ 精準的時間可以寫在活動旁邊。
❹ 不論是全家或個人跟朋友相約，都約週六。
❺ 週日的家庭時間，通常全家都會待在家裡或一起外出。

此外，你家的哪些時段、有哪些重要的事項，一定要有人執行？以我家來說，是「早上：出門前的準備」、「下午：接兒子下課」、「傍晚：準備晚餐」，這些也可以利用「家庭行事曆」確實分工——平日我和先生輪流早起做早餐，好讓另一個人能睡飽一點，每週日則由貼心的女兒擔任「晨光值日生」，為全家人準備早午餐；下午因先生自己另有學中文或健身的安排，因此他便與我協調好，哪幾天得由我來接兒子下課，而另幾天就換我做自己想做的事，由他輪值。

當然，也可以利用家庭行事曆來規劃Me Time和Family Time，每晚八點我和先生會一起陪兒子上床、輪流說故事，兒子睡著後到晚上十點半左右，我們各自看書、打電動，享受不被打擾的放鬆時間；十點半過後到睡前則是夫妻時間，一起喝杯小酒、追追劇，專注相處。到了週末，想要全家人悠閒相聚享用早午餐，那麼我們就得先溝通好，請女兒在那時段不做任何安排。不是我們認為重要，對方就「應該」配合。任何人想獨自「控制」整份行事曆，那肯定會運作不下去。

而許多家庭運作不順暢的狀況，都是肇因於「每個人關注的焦點不同」。以最容易發生狀況的早晨為例，大人都希望孩子能自己準備好上學要穿的衣服和用具，而孩子可能會以為「我只要準時出門就好」，沒想到準備也需要時間。如果爸媽沒有引導孩子在睡前或起床後規劃「預備時間」，很容易臨出門前才想到忘了這個、少了那個，搞得全家氣氛雞飛狗跳。

理解「同中存異」，努力「異中求同」

此外，每個人從「起床」到「清醒」需要的時間不同。像我，總是鬧鐘一響（甚至響之前五分鐘）就會自動跳起來，進入清醒模式；而Jascha和女兒，大概需要半小時，而且得喝上一杯咖啡，坐著放空一下，才能進行下一個動作。我從準備好到出門大概需要二十分鐘，青春期的女兒至少需要四十五分鐘；但我吃早餐需要半小時，女兒只需要十分鐘，這些都是因人而異的個性與生活習慣。如果我們要同一個時間出門，那麼我們需要的「起床時間」就不同了！

你說，我如何精準知道每個人需要多少時間呢？因為我做過很多次的「檢視現狀」，因此不會有錯誤的期待，省下了許多糾紛爭執的時間與心力。

孩子成長到不同階段，也會需要做對應的調整。五歲兒子的上床時間是八點，我們在晚上就不會排外出的活動；而女兒已經要十七歲了，我們就沒有為她規劃固定的上床時間（只會提醒她別太晚睡）。前面提過爸媽的首要任務與時間安排，會隨著孩子成長階段而不同，下頁提供孩子成長四階段的家庭行事曆範例，供讀者參考。

家有新生兒階段的家庭行事曆與爸媽時間安排

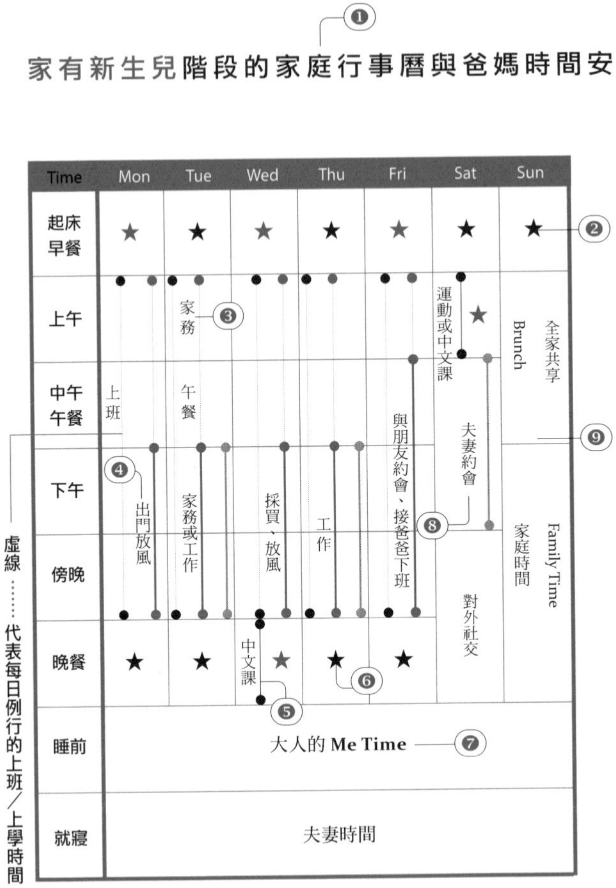

凱若的小祕訣

1. 用餐時間我會先餵飽自己，再餵孩子，這樣才有足夠的耐心和力氣應付新生兒。

2. 新手爸媽最需要注意的，就是抓到空檔就要休息！

3. 再忙，也不要忘了跟另一半喝杯咖啡。上班日一起午餐、定期（或不定期）接送上下班，都能讓彼此關係更加緊密喔。

代表顏色

- ● Dad
- ● Mom
- ● 鐘點保母

說明

❶ 此為兒子剛出生時，我家實際執行的時間表。
❷ 早上第一次餵奶，平日我會和先生輪流，假日則由他負責，好讓我睡飽一點。
❸ 負責家計者去上班的時間，主要照顧者重複無限次餵奶→哄睡→換尿布→陪玩的循環。我自己會在上午的照顧時間中，找空檔完成部分家務。
❹ 我會每天設定一個「主題」（請見頁79），讓一成不變的育兒生活多點樂趣。
❺ 爸爸的中文課原本是在平日晚上，後來改到週末。
❻ 上班、運動、學中文以外的時間，爸爸都會輪值「主要照顧者」，負責照料寶寶的各種需求，讓我休息或做想做的事。
❼ 每天晚上寶寶進入長睡眠後，大人各自享有一個小時左右的 Me Time，再共度夫妻時間。
❽ 週六請家人或保母幫忙，夫妻倆外出小約會，也會與其他家人、朋友相聚。
❾ 每週日為家庭時間，一起照顧小孩、做家事。

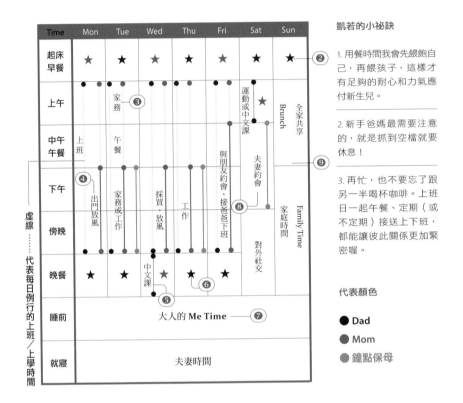

家有學步兒階段的家庭行事曆與爸媽時間安排 ❶

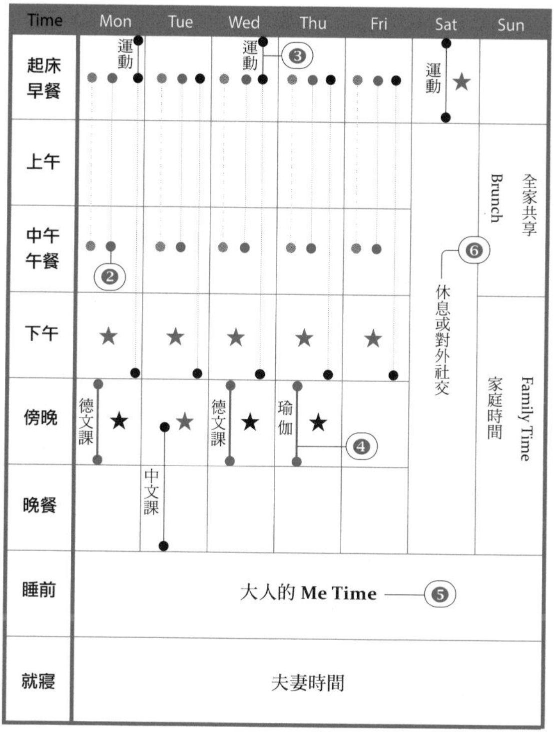

凱若的小祕訣

1. 家有學步兒時期是建立家庭常規與孩子規律作息的黃金階段。

2. 安排好工作、育兒後，要開始每天挪出一點點時間給自己，從15分鐘、半小時開始，逐步增加到一天超過1小時。

代表顏色

- Dad
- Mom
- Kid

說明

❶ 此為兒子進入幼兒園後，我家實際執行的時間表。
❷ 爸爸與兒子出門上班上學後，我開始有屬於自己的時間，可以經營事業、寫作、打理家務。下午2:00兒子下課時，由於爸爸還在公司，固定由我負責接送，我們會利用這段時間去公園放電、順路採買。
❸ 熱愛健身的爸爸為了不壓縮到與家人相處的時間，將運動時間安排在一大早。
❹ 孩子稍微長大，不像新生兒需要隨時照看，從這階段開始，爸媽可以固定安排進修或運動的時間，只要事先跟另一半協調好「輪值日」即可。
❺ 兒子固定晚上8:00上床，我們會一起陪他上床、輪流說故事，兒子入睡後各自享受Me Time（這階段爸爸正在半工半讀，因此利用晚上K書寫論文，而我也還沒學會好好休息，通常利用這段時間寫部落格），再共度夫妻時間。
❻ 每週六為休息或對外社交日，與其他家人或朋友相約；週日則為家庭日，在家悠閒放鬆，並共同打理家務。

家有學齡兒階段的家庭行事曆與爸媽時間安排

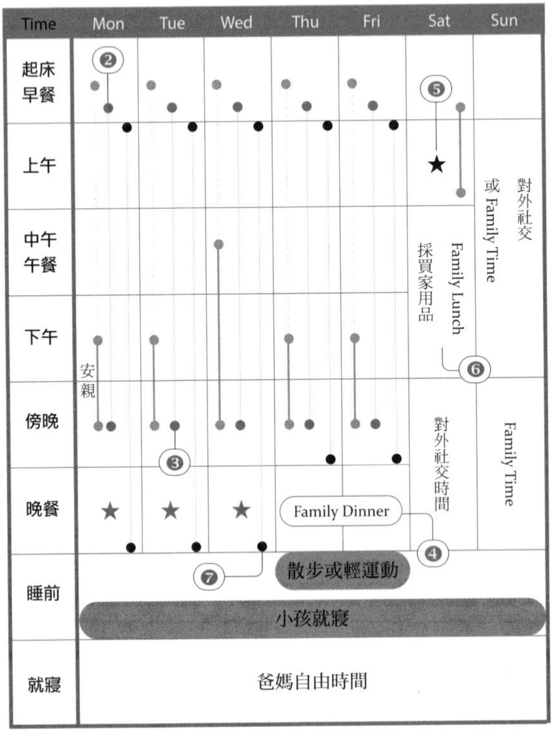

凱若的小祕訣

1.「選擇你的戰場」很重要。我朋友雖然熱愛下廚，但她評估下班後採買、備料、煮食與事後的清潔將耗費大量體力，因此果斷選擇外食。

2. 很多時候親子或夫妻關係的緊張，就是來自於有太多事得做，行事曆適度留白、讓孩子開始學著打理家務、照顧自己，都能有效減輕爸媽的負擔。

3. 忙碌的爸媽可以利用線上課程，在自己方便的時間、地點，輕鬆進修。

代表顏色

- Dad
- Mom
- Kid

說明

❶ 此為我朋友家（雙薪家庭、小學生，居住於台灣）實際執行的時間表。
❷ 朋友生小孩後辭掉工作，專心照顧家庭，孩子上小學後便回歸職場。因為先生工時較長，她選擇了上下班時間較規律的公司。
❸ 朋友家以外食為主，回家後不須趕著做飯，才有餘裕與孩子一起做點簡單的家務、看功課。
❹ 由於先生下班晚，他們不堅持「天天」「全家」一起吃晚餐，但每週固定兩天，先生會較早下班，全家共進晚餐，餐後一起散步、活動筋骨。
❺ 孩子的才藝課夫婦兩人分擔接送。
❻ 週六午間固定外出用餐並至大賣場採購必需品。
❼「被孩子綁住」的時間明顯減少，但因工時較長，朋友夫婦暫時沒有餘裕可以進修、固定運動。他們希望之後能調整工作的比重，學習有興趣的事物。

家有青少年階段的家庭行事曆與爸媽時間安排 ❶

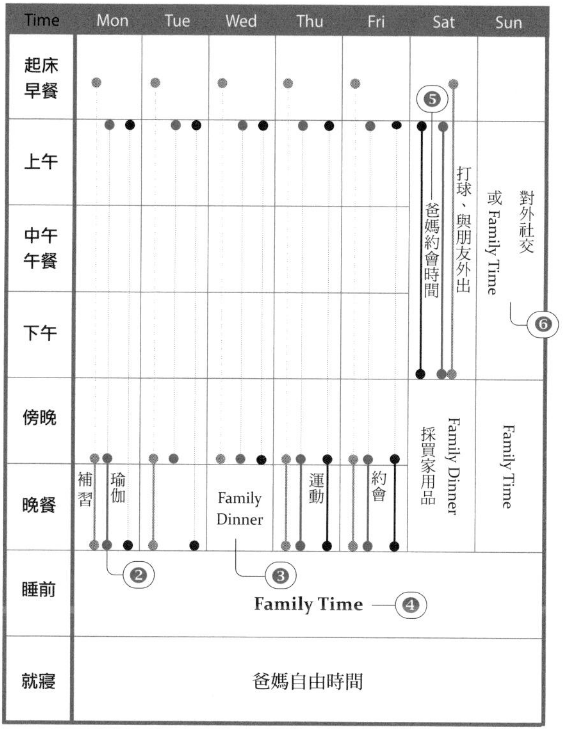

凱若的小祕訣

1. 孩子逐漸獨立，不需要爸媽時刻照看、接送，你發現了嗎？這個行事曆上已經沒有輪值的星星了！

2. 這個階段非常適合規劃輕鬆又有趣的「家庭共學計劃」（請見頁246），促進親子關係。

3. 和孩子一起規劃寒暑假期間的家庭旅行（請見頁176），能讓孩子從中學習關心家人的需求與互相配合的精神。

代表顏色

- Dad
- Mom
- Kid

說明

❶ 此為我另一組朋友家（雙薪家庭、國中生，居住於台灣）的時間表。
❷ 這個階段的孩子已經不需要爸媽接送，下班後朋友會利用孩子補習的時間上瑜伽課，或是與先生相約一起上健身房或兩人共進晚餐。
❸ 孩子不用補習時，全家一起吃晚餐。
❹ 餐後的 Family Time 他們會出門散步，也會在家一起看電視、或是聚在客廳各做各的事。
❺ 週六白天孩子常與朋友有約，夫妻倆便安排小約會，一起看場電影，順便採買家庭用品。
❻ 週日保留給家人，在家共度或與親戚、友人相聚。

這裡也要特別說明，前面提到的各種安排只適用於「我們家」，每個孩子和家庭的需求和做法都不同，沒有什麼對與錯。只要整體運作順暢，每個人都有充足睡眠和良好飲食，就是「好的」家庭行事曆。

千萬別看到別人家的孩子八點睡覺，就要求自家孩子或另一半比照辦理；而青春期孩子需要耳提面命才會有規律睡眠，也別懷疑自己為什麼做得比別人家嚴謹。

一份家庭行事曆絕對是「動態」的存在，一般維持個一兩年就得要重新檢視和調整，保留一些彈性，日子也會過得比較輕鬆。

召開家庭會議，也是幫助檢視現狀的好方法。在家庭會議上可以聊聊，哪些部分運作得很好，可以繼續保持？哪些部分是需要改變的？要增加什麼？還是刪除什麼？用心聆聽每位成員的想法，可能會讓全家人對於該如何安排家庭行事曆，產生完全不同的觀點。

一份家庭行事曆，除了列出個人行程和家庭分工之外，還有三個重要的共同要素，需要事先與家庭成員充分溝通，甚至開家庭會議確認安排妥當，也不宜隨時變動。這三個要素分別是「睡眠時間」、「用餐時間」與「家庭互動時間」。除此之外的其他時間與排程，就比較能自由調配了。

以下分享我們家如何安排這三個要素：

要素一　睡眠時間

在家庭行事曆中，我們家最重視的就是「睡眠時間」。固定且規律的睡眠行事曆，對一個有孩子的家庭來說非常重要，因為這不只影響了孩子的成長健康，更影響到父母親的生活品質。

孩子睡得飽，生理、情緒、學習都會比較好。美國國家睡眠基金會建議，學齡前兒童每天需要十到十三個小時的睡眠，學齡兒童需要九到十一個小時，青少年則是九到十個小時。

無奈的是，現代孩子的作息嚴重「成人化」，加上父母親若是工時過長，很容易使得孩子更加晚睡，長期睡眠不足。就算現實狀況無法讓孩子每天睡滿八到十小時，但至少也要努力維持固定且不被打擾的優質睡眠時段。

孩子早點上床睡覺，睡飽了，隔天早上心情也比較好，家中氣氛也會愉快一點。有幾次，我們不小心讓兒子晚睡，隔天起床突然變成了沒睡飽的小惡魔。幾次下來，我們就不敢了！

另一個更實際的好處，就是孩子睡著後，爸媽才能有「自由時間」。雖然我有時也難免糾結，讓孩子早睡，親子相處的時間不就更短了嗎？但換個角度想，如果彼此都忙亂而疲憊，親子相處也不會有多好的品質。還不如早點送孩子上床休息，父母每天晚上就多了幾個小時，能夠一起整理家裡、有各自的休閒娛樂，也有夫妻相處的時間，比較累的日子也能早點上床睡覺。

讓孩子早睡，的確會讓全家人少了晚上出去吃飯玩樂的機會，總得婉拒朋友的晚餐約會，但這就是一種取捨。晚間行程偶爾安排一次就夠了，穩定的作息讓我們家每天都能共度悠閒的早餐時光，好好喝杯咖啡，聊聊今天的行程。

年紀大一點的孩子可以晚點睡，但我會建議要很清楚的設下界線。我家的原則是：晚上八點之後就是「媽媽的下班時間」，如果有任何課業或事務需要媽媽協助，請在八點前完成。大孩子自己應該負責的事，像是寫作業、準備考試、整理明天要帶的東西等等，甚至是每日的通勤，爸媽千萬不要攬過來做，否則不但會累死自己，孩子也學不會獨立自主。

你家當然可以有不同的做法，只要彼此協調即可。有些家庭的排程，可能往後延了一、兩個小時，仍舊運作順利；有些甚至還比我們家更早睡。但確保每日睡眠時段固定且規律，沒有太多更動與意外，絕對會比時常變動好。

睡眠時間搞定了，接下來就要討論「用餐時間」——每天全家一起吃晚餐？還是每週幾次？什麼時間吃？誰煮飯呢？

要素二　用餐時間

用餐，絕對不只是滿足民生問題而已，更是增進家庭幸福感很重要的時間。亞洲家庭很重視全家一起用餐，這是很好的家庭習慣。然而，如果因此造成家庭成員時間上的壓力，就該適時調整了。以下有幾個我們家經過調整之後的折衷方案，提供給大家參考。

之前平日由我來掌廚的機會比較高，尤其是 Jascha 還在大公司上班的時候，但週末或有空的時間就由 Jascha 或女兒接手；搬到西班牙後，我們都在家工作，便說好輪流。原則就是別讓「煮飯」變成某個人的固定責任！再喜歡做菜的人，偶爾也該享受一下被款待的快樂。喜歡的事變成「責任」之後，樂趣也會漸漸消失。

與其要求媽媽每天晚上都得煮上四菜一湯，搞得媽媽下班後還要趕著買菜、煮飯和收拾，還不如一週只煮幾個晚上就好，有幾天交給爸爸或大孩子負責，甚至偶爾吃得簡單一點，叫叫外賣。這樣媽媽親自準備的那幾頓晚餐更顯得十分特別。

建議家中成員要共同分配與分攤家務工作，時間與心情都會比較平衡。而我們家也有一個不成文的規定：誰煮飯，其他人就得擺碗盤與做最後的收拾。許多辛苦事只要大家一起做，就輕鬆愉快許多。這樣的安排也少了家庭的爭執，因為沒有人閒著，就不會有人感覺不公平。

此外，不一定要把「吃晚餐」視為「神聖而不可侵犯」的家庭活動，心理壓力也會比較小。女兒上學期的練球時間較長，回家較晚，弟弟又很早就該上床，如果我們還是堅持每天全家一起吃晚餐，所有人的時間表都會變得很緊張。因此在討論過後，我們彈性調整了全家人一起用餐的時間。從堅守每日晚餐，變成了固定在週末一起悠閒的早午餐，這樣也是挺不錯的。

其實煮飯還不是最傷神的，最麻煩的是事前的採買和事後的收拾。我認識許多厲害的主婦媽媽，天天上菜市場向熟悉的菜販、肉鋪購買食材。我白天專注工作，就偷懶請朋友幫我也買一點，甚至拜託他們下廚時多做一點，我則補貼他們搭伙費用。我廚藝不精，卻很幸運的有很多熱愛煮食又很喜歡分享的好朋友，這樣的方式兩全其美，甚至還幫助了其中一位全職媽媽好友開始了居家小事業呢！

「網路訂購」也是我的好朋友，每十天左右我會固定從網路超市訂購家裡需要的食物與用品，省去了往返超市的時間，偶爾上超市時只需要採購些生鮮與蔬果就行，非常簡便。

家庭傳統和情感需要用心維持，可以花些時間，討論出家中「用餐時間」的默契與規則。也記得保留一點彈性，讓家人更享受相聚的時光。

要素三　家庭互動時間

吃與睡的排程都確定之後，還要記得保留一段「家庭互動時間」，這是非常重要的。請你想一想，在你們家，家庭互動時間通常是晚餐時間嗎？還是睡前呢喃？有留給每一個家人彼此「一對一」互動的時間嗎？還是喜歡全家人在一起？大家是否都清楚知道那段時間是要保留給彼此的？

有些家庭喜歡一起運動，有些喜歡一起玩桌遊或出門逛街。但千萬記得，家庭共同步調的形成，絕對不是一個人說了算，其他人只能乖乖照做。達成共識的過程需要很多溝通與調整，甚至每隔一段時間就要有所變化。

身為父母，我們絕對不只是擔任「設定規範」的角色，更要引導討論，提出問題，並且鼓勵全體成員一起研擬出解決方案，這個「結論」才行得通。

有些爸爸很喜歡爬山，每週末都要求全家人一起早起去爬山，這提案看起來雖然很健康，還能培養家庭凝聚力，但別忘了，就如前面提到，每個人需要的睡眠時間和作息安排都不一樣，光是「假日早起」這件事，可能就讓週末早晨非常不平靜了，更遑論「好好享受」相聚的時光。

每個成員對於「在一起」的定義也不同，有些人認為看電影是「在一起」，但對某些人來說，過程之中沒有任何交談，怎麼會是「在一起」呢？在決定之前先搞清楚，家中每個成員喜歡怎樣的互動方式，以及對他們來說最好的執行時間，絕對會讓你家的家庭互動時間愉快很多！

家庭互動時間的最高原則，就是彼此都感到愉快。特別是家有青少年的父母親，更需要時常提醒自己。孩子小的時候，只要和爸媽在一起到哪都好玩，但到了一定年紀，他們會有自己喜歡做的事和關注的焦點。

曾經有位媽媽很苦惱的問我：「兒子每天只想要關在家當宅男，我怎麼拉他，他都不願意跟我出門！」我觀察了一下母子之間的互動，笑笑說：「我想，只是因為你們沒去電玩店吧！」

因為我光是跟男孩聊起最近很夯的幾個電玩，他就興奮得不得了，像是打開話匣子般停不下話題，一點也不「宅」啊。我建議他，整理已經不玩的遊戲，賣到遊戲店賺點零用錢。這個過程裡我們不只聊了天，還約了一起出門賣掉二手遊戲，有機會更理解他的世界，甚至認識他的朋友。

女兒時常會傳一些她感興趣的餐廳給我，我就安排下回家庭聚會去吃。就算菜色不是我最喜歡的，但家庭時間中每個人總要得到點好處。女兒可以吃到她用零用錢吃不起的好料，而我最棒的收穫就是孩子們與我談天說地，大家都開心。有時候，我還讓她邀請最近生日的朋友一起參與，幫她朋友慶生之餘，我也能多了解她的交友圈，一舉數得呢！

對青少年父母來說，一點點的「讓步」，得到的可能更多。許多大孩子需要的是被認同與理解，他們並不是不願意與父母互動，而是因為互動過程中往往淪為「被說教」，失去了情感交流的成分。現代的家庭多半各自忙碌，很少有全家一起做一件事的機會，我特別推薦家有小學生、青少年的爸媽，一週安排一個「家庭共學」（請見頁246）的時段，共同學習一項有興趣的事物，可以是運動、語言，也可以是樂器，在學習的過程中大人試著放下總是想「教」孩子的心態，坦然面對「不會」，而且「孩子可能學得比我們快又好」的狀況，對促進親子之間的關係有相當正面的作用。

家庭互動時間不一定要全家人兜在一起，「一對一」的相處也很重要。我發現單獨和女兒在一起所聊的話題，與我們全家團聚的時候完全不一樣；而兒子也很需要分別和媽媽或爸爸相處的時間，建立個別的親密感。當然，夫妻之間更是。

夫妻倆的互動時間，需要彼此有共識的刻意保留，否則很容易就被孩子與柴米油鹽醬醋茶給淹沒了。我過去時常利用晚上睡前工作，但一段時間之後，我發現這樣的安排，讓我們夫妻倆完全沒有了相處的時間，所以討論之後，我們決定每天晚上十點半之後，專心保留給彼此。Jascha和我都在家工作，因此我們也會趁孩子都上學時，安排夫妻小約會，這些日常時間對我們來說，甚至比結婚紀念日更重要呢！

刪去與簡化

當我們檢視現狀，並確認行事曆上必須保留的內容之後，可能會發現「想做的事太多，而時間卻太少」。這時，就該適時「刪去」或「簡化」。

很多家庭行事曆的問題就出在只增不減，每個人都將事情一件件加上去，卻沒有思考該省去什麼，或是該設下什麼界線。結果就是愈來愈忙，沒有自己的時間，更別提自我學習或發展任何新計畫了。

不要太拘泥於「必須」做些什麼，適時用點「減法」來少做些什麼，讓全家人共享舒適又可以自在呼吸的行事曆。就像前面提到的，或許可以調整全家一起用餐的時間，或讓所有成員分攤家務責任，甚至把部分事務外包，花點錢來節省時間，都是很好的折衷方案。也可以調整工作時間、通勤方式，這些都是家庭會議中可以提出來共同討論的內容。

有時候我們會發現，自己視為重要的某個儀式，對其他人卻沒有相同的意義，與其因為這樣而產生情緒或衝突，還不如在家庭會議中好好溝通。就如我們家不一定每天一起吃晚餐，改成每週一次特別的早午餐，大家也覺得挺好，那就這樣執行。我過去習慣在晚上工作到深夜，現在因為家庭作息而改為白天工作，對我並沒有負面影響，那就調整無妨。保持彈性，絕對是忙碌爸媽生存的不二法則。

忙碌爸媽絕對沒有完美的行事曆，總是在諸多責任與需要之間取捨。但我們能努力做到的，是找出讓全家人都能自在呼吸的排程與常規，並且一家人愉快的共同執行。

point

- 一個家的所有成員，就像共同划著一艘船前進的夥伴，每個人同時是主角和配角，互相協調配合，才能達到共同的目標。
- 不是我們認為重要，對方就「應該」配合。任何人想「控制」整份行事曆，肯定會運作不下去。
- 身為父母，我們不只是擔任「設定規範」的角色，更要引導討論，提出問題，並鼓勵全體成員一起研擬出解決方案，這個「結論」才行得通。
- 千萬別看到別人家的孩子八點睡覺，就要求自家孩子或另一半配合；而當你的青春期孩子需要特別要求才會有規律睡眠，也別懷疑自己為什麼做得比別人家嚴謹。
- 不要太拘泥於「必須」做些什麼，適時用點「減法」來少做些什麼，讓全家人共享舒適又可以自在呼吸的行事曆。

09

時間，是省出來的

——行事曆也需要斷捨離

生活中有太多有趣的事了，學習新的語言或培養興趣、運動健身，或是安排旅遊、開設部落格，甚至是創業，聽起來都十分美好，但目前的時間表已經滿到要爆炸了，該怎麼辦呢？

這麼多年來，每當我想在原本忙碌的排程中加進一項新事物時，我總會先檢查目前的行事曆，看看是否有一些已經習以為常，卻不一定重要或已經不必要的「習慣性動作」，從那裡「開刀」，經過刪除、簡化與重新安排之後，多半就能在每週挪出至少三小時的空檔。

例如，我過去出門總是要花上一個小時準備，說是準備，其實常是把整套裝扮穿了再脫、脫了再穿，連鞋子都要換上好幾雙才能「定裝」。後來我發現，若能在前一天晚上就決定好穿搭，隔天早晨壓力就不會這麼大。後來又發現更簡單的方法，就是根本不需要那麼多套工作服，兩到三件質感好的西裝外套，幾件修飾身形的長褲，就變成我的「基本款」，每天省下半個小時著裝，一週就至少省下三小時，一年下來非常可觀。

生活中還有很多這樣白白浪費的時間呢！以下分享三個省時祕訣，請大家一起來試試看，如何簡化生活，挪出碎片時間。

祕訣一　簡化習慣

若仔細檢視就不難發現，很多不必要的習慣，浪費了我們寶貴的時間。除了從衣櫃和穿衣習慣下手，通勤習慣的改變也為我省下不少時間。

過去我喜歡開車出門，感覺較能掌控一切，東西也能放在車上，對總愛大包小包的我來說非常方便。但有一天，我發現竟然花了一個小時，才從台北市南端開到信義區，然後又花了半個多小時找停車位。明明已經遲到了，卻還卡在車上，動彈不得。

這時我才突然了解，在城裡開車實在浪費時間！不如搭計程車或捷運，還能看書或處理事情。每天省下半小時，以一個月的工作天計算，就能省下十個鐘頭。

以前我習慣每週逛大賣場採買，但每次開車過去、選購、排隊結帳，再開車回家，就得花去大半天。後來我改用網購採買固定需要的物品，不但節省了我和家人很多時間，還少了跟孩子在賣場上演的溝通戲碼，更省了油錢與停車費，而且還有專人送到家門口，一舉數得。

時時刻刻的滑手機習慣，也是簡化的重點。根據調查，在台灣，每人每天查看手機的時間，超過三個半小時；二十到四十歲族群，更是每天超過四個小時。有八成的民眾睡前明明知道沒什麼要緊事，還是會忍不住查看手機。搭車、等車、看電視，甚至吃飯時，許多人都習慣滑手機，而且多半不是真的在聯繫親友或查詢資料，而是無意識的瀏覽社群媒體。

對很多現代人來說，每天上百次看手機的動作，已經構成行為成癮了。我們甚至很難在家專心的看完一齣電影、一場球賽，或專心與孩子玩一場遊戲，因為滑手機的習慣總是打斷我們。我曾經看過一項針對現代人手機使用習慣所做的調查，平均每個人一天看手機一百至一百五十次，也就是大概每十分鐘就要看一次；另一個數據更恐怖，每人每天平均點擊手機二千六百一十七次！當我讀到這個數據時就知道，如果要騰出時間做別的事，簡化使用手機的習慣，絕對是最好下手的地方。

於是我改變了等車、坐車時就滑手機的習慣，改成抓起一本書來閱讀。這一個小改變讓我一個月多讀了好幾本書。我也花了點時間，把手機應用程式的「推播設定」仔細檢查了一遍，只留下我真的需要隨時得到最新消息的那幾個。其實我哪裡需要時刻追蹤即時新聞呢？只需要一天看個一兩次即可，取消了擾人的新聞推播，讓我減少了許多拿起手機的機會。

現在，請你再次拿出行事曆，觀察每天的行程，那些你習以為常的生活方式與習慣，浪費了多少時間？或許會有驚人的大發現唷！

祕訣二　簡化關係

- 真實的人際關係

在東方社會裡，人與人的關係非常緊密，與家人、朋友、同事、客戶的聚會、聚餐，占去我們不少時間。維繫感情雖然必要，但有些不必要的應酬，能省則省吧！

當你收到別人邀約時，先別急著答應。想想看這次見面是否有必要？你是否想要？或者，有沒有別的方式，讓彼此都能更舒適自在的維繫關係。而有時事前多想

一點，例如，我會在參與孩子學校活動前，預先想好要與哪些老師或家長互動，聊些什麼；在參加家庭或朋友聚會前，先確認有沒有特別想關心的對象、該為他們準備什麼禮物，這樣一次活動下來，不但能有效率的維持許多關係，確實傳達我的溫暖與關心，也能省下多次去不同家庭拜訪的需要，更不會造成自己或他人的壓力呢！

過去有段時間，我對商業聚會幾乎來者不拒，覺得創業就是要多累積人脈、建立關係，但現在我會提醒自己先想一想，能否改約午餐或下午茶，甚至把幾個相關的聚會放在一起，或是跟好友約在我想要洽談合作的店家，同時滿足社交和工作的需求。

有了孩子之後，我對晚餐邀約更加謹慎，前面提過我家兒子的上床時間早，任何晚餐約會都會影響到全家人的作息。基本上，只有我一人能出席的晚餐邀約，特別是工作上的應酬，我都會婉拒。有時雖然會讓我喪失某些機會，因為有些客戶喜歡「隨叫隨到」的互動關係，但這樣的客戶很明顯的與我們公司的工作模式不合拍，早些拒絕掉也是好事。

很多人擔心影響工作表現，不得不答應某些應酬，過去我會很介意以「晚上我要陪孩子，不方便」為由婉拒應酬，認為這是不專業、不敬業的表現，然而經過了十多年資歷累積，我愈來愈自在的告訴對方我安排生活與工作的原則，因為我發現，能尊重彼此工作原則的客戶或工作夥伴，通常也是合作起來最愉快也最能持續的。我們還會時常提醒彼此要多休息，不需要隨時回應訊息，因為我們都知道工作只是人生的一部分，而且應該不是「大部分」。

● 虛擬的人際關係

現在有許多的人際互動發生於社群媒體上，有很多人平常生活簡單，但社群媒體上卻有幾千位好友。這些關係其實也得花不少時間去經營。想要省下時間，好好審視社群媒體上的「好友」也是很重要的一步。

以前我對「交友邀請」也是多多益善，但後來發現，我的私人臉書好友超過四千位，名單中現實生活不認識的人，多過於真正互動過的，其實並沒有為我帶來更多生意或正面影響，有時反而造成干擾。

在我刻意將「朋友」的定義分得更清楚之後，使用社群媒體時更輕鬆自在了。當然，也省了不少滑手機或無謂閒聊的時間。

創業的確需要「認識」很多人，但認識新的對象，不一定要加為私人好友，只要在公事上能夠維持良好的聯繫與互動，就很足夠了。

社群媒體在維繫人際關係上有一定的好處。例如我們一家人旅居海外，在世界各地的朋友家人透過我的臉書，就能知道我們的動態，否則，還得一個個通知「我們搬到西班牙了」。但如何運用這個工具，而不是被它駕馭，就需要妥善管理。

臉書有將朋友「分類」的功能，可以選擇哪些人能看到哪些內容，這對我來說很好用，有時我會想跟家人或密友分享私人動態或照片影片，卻不想讓工作上或不那麼熟的臉友看到，如果能事先花點時間好好整理、分類好友名單，就能根據每一篇發文設定公開對象，做出區隔。

另一個恐怖的「吃時間怪獸」，就是你加入的網路群組、社團。你的手機上有幾種通訊軟體呢？你又分別加入了多少群組或社團呢？過去來自各種不同通訊軟體的訊息，總是塞滿我的手機。只要三個小時沒查看，各個群組的訊息就會累積超過幾百則！然而，其實大部分的訊息都與我無關，而且大多數的群組都不是必要的。

有些是好幾年前，我曾對某個議題感興趣，就順手加入相關的臉書社團或LINE群組，後來不需要了，我卻沒有退出或刪除，訊息排山倒海而來，淹沒了我的手機。每天光清理這些與自己無關的資訊，就花去不少時間，甚至干擾了睡眠與生活。於是，我找時間將不必要的群組和通訊App全都刪除，也退出許多已經沒興趣的社團。清理完成後，感覺腦袋輕了好幾公克呢！

用心觀察，我們是不是「邀請」了太多不必要的關係進入自己的生活。留下最珍貴的關係，花時間真正互動，才是更重要的事！

祕訣三　簡化互動模式

除了簡化關係，簡化互動的方式，更是節省時間的關鍵。

想想看，你的手機和電腦裡有多少種通訊方式？我們真的需要這麼多種隨時可以找到對方的方法嗎？這幾年來，我漸漸減少使用通訊軟體「敲」對方，偶爾還會復古一下，使用電子郵件或手寫信件卡片，甚至撥電話或視訊來與朋友家人溝通互動，感覺彼此更靠近。

不知你有沒有發現？當我們可以隨手發出訊息、敲一敲對方時，想談成一件事情，往往得在電腦前或手機上，來來回回好長一段時間。有時候對方傳一個「嗨」，我們回「什麼事」，再等對方的訊息，這樣一來一往真的挺耗時的！特別是正在陪孩子、做家務或專心工作時，用訊息討論正事，實在非常沒效率。還不如直接撥個電話三五分鐘溝通完畢，或好好坐下來寫封電子郵件。

我的臉書專頁漸漸累積了粉絲之後，每天都有好多訊息要回覆，有些可能只是「你好嗎？」我還是會回「我很好！你呢？」我與台灣有六七個小時的時差，回答讀者的訊息不只要花時間，更會影響到我的睡眠品質。後來，我取消了專頁的訊息功能，鼓勵大家以電子郵件與我聯繫，我發現了一個新世界——當我們準備發出一封信時，通常會謹慎思考自己要表達什麼，然後再有條理的寫出來。

關掉訊息功能後，我不再一天到晚收到數個「敲一敲」的留言，取而代之的是一封封用心撰寫的信件，我也會很認真的用信件好好回覆。這樣的互動品質，比「隨手一敲」來得更有深度與價值。

通訊軟體群組雖然是與家人朋友聯繫的好幫手，但別忘了，真實的聊天、面對面的互動，才是更重要的。簡化了不必要的手機點擊習慣，我們才能保留更多時間與深愛的家人在一起！

至於與工作夥伴間的互動，說到工作總少不了開會，這幾年遠端遙控台灣事業的經驗，也讓我學習到，不必要又冗長的開會，真的浪費了所有與會者寶貴的時間。

以前，我習慣每週在固定的時間開會，每次總會從表訂的兩小時延長到四小時，甚至更長，接著還可能續攤或者會後討論。我以為這樣的工作方式很正常也很必要，自從旅居歐洲之後，我無法再用過去的方式緊密聯繫與遙控公司，總是得算好時差、抓緊時間，在一個小時（有時甚至更短）內講完必要溝通的重點。而我也意外發現，原來這樣也行得通，甚至更有效率。

我也因為無法隨時遇到夥伴就談上幾句，反而學會了思考清楚後再發信，對方也能有時間思考，並且蒐集完資料之後，再回覆我。這麼做除了可以節省時間，也不必在會議室裡坐好幾個小時。

目前我們MiVida團隊全都在家工作，對彼此來說也都是「遠距」，因此我們總會選擇最適合對方的溝通模式和時間，也妥善安排好不同時區的職務代理人，如果有一方是半夜，另一邊就有代理人來處理客戶或廠商的需求。一切安排好，就省時省力。

關係有千百種，而互動模式不需要這麼複雜。與世界保持聯繫，並不需要時時刻刻掌握所有訊息。有意識的經營關係，珍惜每次的互動、真誠相待，絕對是更好的做法。

騰出更多的碎片時間，接下來就等著我們妥善運用了！

point

→ 我們都知道工作只是人生的一部分，而且不應該是「大部分」。

→ 仔細檢視行事曆，那些你習以為常的生活方式和習慣，浪費了多少寶貴時間，你一定會有驚人的發現！

→ 用心觀察，你是不是邀請了太多不必要的關係進入生活中？留下最珍貴的，花時間真正互動，才是更重要的事！

→ 你的手機和電腦裡有多少種通訊方式？我們真的需要這麼多種隨時可以找到對方的方法嗎？

→ 想與世界保持聯繫，你其實並不需要時時刻刻掌握所有訊息。

10

常規與好習慣讓你自由

——能夠掌握每一天，才能掌握未來

「常規」與「自由」，你覺得哪一個有吸引力？大家應該都會秒選「自由」吧。自由多好，常規一成不變，還得戒掉壞習慣，太辛苦了！我們往往認為「限制」絕對與「自由」互斥，「自由」就是想做什麼就做什麼，沒有時間限制、沒有壓力。然而事實是——只有好的常規與習慣，才能為你帶來真自由。

「自由」就像渡假，可以睡到自然醒又沒有工作追著跑。但，我們終究必須回到生活的正軌，「正軌之上的自由」才是珍貴而長遠。特別是有工作的父母親，每一天總是在「忙孩子上學、忙工作、忙三餐」的循環中度過，想要有段時間可以放大假無

所事事，即使只是一年中的短短幾天，都是非常奢侈的渴望。

創業之初，我的第一個孩子剛出生。身兼沒經驗的新手媽媽，與沒經驗的創業菜鳥，那種混亂的日子持續了很多年——沒有真正的渡假、長時間缺乏休息、犧牲家庭時間加班，這些不良的生活模式（也可說是「壞習慣」）除了造成身體的問題之外，也讓我心理上感到匱乏而渴望自由。

孩子需要生活常規，大人也一樣

有了第一胎的經驗，在懷第二胎時，我就與Jascha談好，孩子出生前半年我們的首要之務，就是建立起家庭的常規，排出一份運行順暢的「家庭行事曆」；暫時放慢腳步，彼此理解與調整，找到能讓全家人好好生活的節奏。

雖然無法如過去一樣，要出國就出國，要約會就約會，但我們至少能保有每天幾個小時的自由，做喜歡的事。

曾有新手爸媽問我們，該如何面對孩子加入兩人世界後的震盪？如何能持續過著有產值的生活？Jascha無需思考便立刻回答：「常規！只有常規能讓人自由。」

常規，是所有父母都不陌生的詞。從家庭新成員剛出生回到家，爸媽無不希望他們作息規律，因為唯有孩子能在固定時間吃喝、睡覺，大人的生活才能有「秩序」，而秩序能讓人好好生活。

但維持常規不只是孩子的事，大人們也該維持一定的生活節奏，否則就算孩子再怎麼配合，我們還是會感覺疲憊，沒有喘口氣的機會。

前面章節提到的「家庭行事曆」（請見頁98），正是能幫助我們建立起家庭常規的好方法。清楚知道每個人何時起床、飲食、工作或上學、休息和睡覺，就能確定自己能掌握運用的時段有哪些。當我們能如呼吸般知道什麼時間會發生什麼事，便可省下許多「應變」所需的能量。

我一向自認是自律的人，每天都努力把該做的事做完了，才准休息。但其實我的自律用錯地方了！首先，我應該自律的過健康且穩定的日常生活，才有精力去面對每天層出不窮的工作挑戰、活蹦亂跳的孩子，以及工作和家庭重疊時的混亂。

我們常把目標放在太遙遠的地方，遺忘了「好好生活」本身就是一項偉大成就。例如，繳交大筆的健身房年費，卻忽略自己每餐吃了什麼；期待夫妻能有兩週的甜蜜旅行，卻吝於每天說聲我愛你，或是每天保留一點時間給對方。真正提升幸福感的「好習慣」就在日常生活中，我們卻鮮少要求自己做到。

身為父母，我們對「要求孩子」並不陌生，說到「要求自己」可就不一定這麼熟練了。當孩子東摸西摸不願意上床時，我們氣得要命，倒是很會合理化自己的行為，例如「媽媽（爸爸）熬的，不是夜，而是自由」之類。然而隔天精神不濟、早晨一團混亂，不也是自己造成的？

講起來很容易，我自己也總是想在睡前多追點劇、多滑點手機，畢竟那是除了上廁所之外，極少數的「自由」時刻。

如果不想只是一天過一天，希望人生中多做點什麼，就得放下那些似是而非的理由。當然實行起來並不容易，就像決定結婚並不難，難的是長年維持美滿的婚姻。「每天」看似微小，能夠掌握每天的人，便掌握了未來。

光靠自律二字很難做到。自認自律的我，都無法對自己那麼嚴格，所以我習慣用以下這幾個小祕訣來控制放肆的欲望。營造一個讓我容易遵循好常規、好習慣的環境，比起用盡力氣來「自律」容易多了。

祕訣一　利用「習慣追蹤器」，記錄每日行動

「習慣追蹤器」是從我很喜歡的一本書《原子習慣》中學到的。發現從小時候媽媽規定的「每日清單表」就是這樣的原理呢！從我上小學開始，媽媽要求我，每個月

初在兩張合併的全開壁報紙上畫出一個大表格：縱軸是整個月的日期與星期，橫軸是每天該做的事，例如六點鐘起床、刷牙洗臉、吃早餐並收拾餐具、一回家便寫作業、洗澡、請媽媽簽聯絡簿、九點鐘上床睡覺等。

每做完一件事，我就能在那一格蓋「好寶寶印章」，整張表全部的章都蓋滿了，才能拿到下一個月的零用錢。為了在每天第一個格子上蓋章，早上鬧鐘一響我就跳下床，回家也會馬上打開書包做功課，不需要媽媽叫。想蓋滿章的欲望，強過了偷懶念頭，甚至遠勝過零用錢的誘因。這種追蹤自我進度的方式，我後來也應用在所有的工作和家事上。

我喜歡用紙本的行事曆，而且會把「每日行程」和「待辦事項」寫在一起。只要做完一件事，就會用很顯眼的方式把那一項槓掉，就像小時候蓋章一樣，讓我養成「用每天的小行動，累積成偉大成果」的習慣。

《原子習慣》提到另一個方法：準備兩個罐子，其中一個放滿計算過數量的迴紋針（或彈珠），每做完一件事就拿出一個迴紋針放到另一個空罐子裡，這也是強化好習慣的方法。

我在寫這本書時也運用這樣的方式，把每天累積的字數寫在新書大綱的一角，偶爾把最新字數貼到臉書上，「想要數字往上加」的欲望，幫助我打敗「明天再說」的懶蟲上身。而「每天至少寫五百字」也比「這週要完成三千字」聽起來容易得多，只要不中斷每日的行動就能達到目標。

這方法利用了「討厭中斷紀錄」的人性，很自然的要求自己持續執行一個小行動，累積起來就會變成大成就！更重要的是，過程中不會覺得疲累，而是享受到「蓋章」的滿足感，對自己「可以做到」愈來愈有信心。我認識很多有成就的朋友，他們都是「清單完成控」，只要放在待辦事項上頭的事情就絕對要槓掉它！這種人多半非常有自信，因為久而久之他們也養成了「我想做的事，就一定會完成」的自我肯定。這會延伸到下一個祕訣。

祕訣二　持續做，比做得完美更重要

在養成好習慣的過程中，「拒絕完美主義，擁抱完成主義」（請見頁65）是很重要的態度。很多人問我：「為什麼失敗沒有讓你放棄？」與其講一些冠冕堂皇的理念，不如說，我時常告訴自己：「我是個能夠完成任務的人。」而不是：「我是個會將事情做到完美的人。」因為那是不可能的。但「每天做一點點」，我可以！相信大部分的人都可以！

累積每日的小行動，或許沒辦法讓我成為世界冠軍，但絕對能讓我成為好手。腦科學多年的研究已經證實，重複做一件事，大腦會產生變化，讓重複被使用的區域特別強大。也因為如此，重複練習就可以駕輕就熟，甚至變成下意識（不需要經過大腦思考）的動作。

我的開車技術不算好，但因為在台灣停車總是一位難求，停車位也非常小，我每天都得倒車入庫。一向認為自己開得很好的Jascha住台灣時，卻常請我幫忙他停車，因為他缺乏經驗和練習，對我來說卻輕而易舉。

女兒來德國之前，從未碰過籃球，在老師鼓勵下加入籃球隊，每天練習，一年後隨手就能運球上籃，她後來同樣學習了從未接觸過的足球與排球，靠著日復一日的練習，一年後都能上場比賽。

很多人以為她是體育細胞特別好，其實她只是深諳「就算是頂尖NBA球員，第一次拿籃球的時候也很菜」的道理，奉行「勤能補拙」而已。

無論是運動、讀書、寫作、創業、儲蓄、瘦身……任何事情都能夠拆解成每天可以前進的一小步，告訴自己無論如何每天都要走一小步吧！

祕訣三　「做了這個，就可以做那個」

就如媽媽規定的條件「蓋滿好寶寶章，才能領零用錢」一樣，我們也需要用點技巧，來鼓勵自己完成任務。

我喜歡追劇，有書稿要寫時，會告訴自己「寫完一千字，就能追劇」，相同的生活作息維持幾週下來，往往書稿已經完成後，我還是會習慣性的坐到書桌前，想試著寫些什麼，再去沙發窩著。

最近由於新冠病毒疫情，很多人都養成了一回家先更衣洗手，才能做其他事（如抱孩子）的習慣，這樣做應該好幾個月了吧？相信我，就算有天病毒消失了，我們仍會維持這個行為模式。因為「習慣」的力量非常可怕，會讓人想停都停不下來呢！

祕訣四　減少障礙

對於多數人來說，要開一個小時的車才能從事的興趣不容易持續；但如果是放在隨身包包裡隨時可以拿出來做的嗜好，就比較容易重複去做。如果家裡全都是垃圾食物，隨手就能從冰箱拿出含糖飲料，維持健康飲食的任務就變得十分困難。檢視一下你想執行的常規，有哪些是障礙重重的？

「手機不進臥房」是我們家最近力行的改革。因為一旦將手機帶進臥房，睡前就很容易拿起手機來滑，耽擱了該休息的時間。移除臥房裡的充電器（將充電器改放到客廳）將有助你達成這個目標。

五歲兒子至今都還是維持每天晚上八點上床的「常規」（即使是搬到了作息時間較晚的西班牙），許多父母聽了都非常驚訝。

當然，這也因為Jascha和我在家工作，不會有「回家時間太晚」的問題。然而，西班牙許多餐廳的晚餐都是從八點或八點半才開始營業，這代表如果我們要維持孩子早睡，就得犧牲外出晚餐的機會。而我們的確這麼做了！原因很簡單——如果兒子不早點上床，那我們也就無法早點「下班」休息。

要求孩子早睡，執行起來其實沒有想像中的難。

我們家婉拒任何五點之後的約會，讓孩子每天固定時間上床；大人與孩子同時停下所有的活動，一起到床上去；如果孩子非常配合，可以多讀一個故事；把這件事當成和刷牙、洗臉一樣的例行要事去執行。這些年下來，我們每天至少多了三個小時的時間可以運用，是不是很值得呢？

許多人以為常規和習慣代表無趣與限制，但正好相反！正是因為將所有日常生活節奏裡的音符都擺到屬於他們的位置，才有多出來的時間空間，可以用來譜出新的樂章。

仔細想想，有哪些事一旦建立好常規之後，你們一家運作起來會更順暢？是前一天晚上先準備好隔天的早餐？還是將孩子的睡眠時間往前挪一個小時？或者學我的母親，用一張大表格和好寶寶印章，追蹤孩子與自己的完成度？

現在就開始，運用這些小技巧來執行你們的家庭常規吧！

point

- 只有好的常規與習慣，才能為你帶來真自由。
- 我們常把目標放在太遙遠的地方，遺忘了「好好生活」本身就是一項偉大成就。
- 要求自己持續執行一個小行動，累積起來就會變成大成就。
- 將「自律」放對地方，才能隨時將精神集中在正確的每日習慣上。
- 任何事情都能夠拆解成每天可以前進的一小步，告訴自己無論如何每天都要走一小步吧！

11 黃金三小時高效工作術

——選擇你的主戰場

前面幾章節談到了「家庭行事曆」以及如何執行家庭常規，但有時工作就是占據我們很多的時間，怎樣也做不完，該怎麼辦呢？這大概是我過去十多年最重要的「學習任務」——如何更有效率的工作。

當你每天只花三個小時，就能達到甚至超過一般上班族朝九晚五的產值，那你還會選擇花八個小時（甚至十幾個小時）坐在辦公室裡工作嗎？

Jascha還是上班族時，偶爾我會很羨慕的問他：「可不可以跟你交換，讓我出門工作八小時？」因為我的「黃金三小時」工作時間，總是非常精實，沒有Coffee Time，沒有同事間的 Small Talk，完全是「純工作」。

身為居家創業者雖然讓我工作時必須分秒必爭、無法偷懶，但好處就是我不需要砸時間，好向老闆證明自己有多麼盡忠職守。如果一件事情花一小時就能做好，那麼用到九十分鐘就是浪費時間。從這個角度來看，許多上班族可能會發現，自己每天浪費掉的時間，比真正有產值的時間還要多呢！

這也是 Jascha 當初決定創業的原因。以前，和同事吃個下午茶點、彼此閒聊一下，他覺得挺有意思也很放鬆，但當了父親之後，他開始覺得這些時間少一些更好。更別說那些沒有意義卻必須出席的會議了。在企業上班，難免「人在江湖，身不由己」，若能盡力在自己能控制的範圍內更有效率的工作，便能減少不必要的加班，多爭取一點時間與家人相處或做自己想做的事。

過去幾年，我全心照顧兒子，每天可以用於工作的時間不到三小時，但台灣的公司仍然順利運作，還出版了書和音頻課程，這一切都歸功於「黃金三小時」。我並沒有三頭六臂，只不過打字快一點而已，而這也是必然的結果——如果你每天「只有」三小時能做事，打字速度自然而然就能跟上你的腦袋。

以下幾個祕訣，希望對時間很有限（特別是上班族爸媽）或單純想要提高工作效率的人有些幫助。

每個人的生理時鐘真的大不同。早上十點到下午三點之間，是最適合我工作的時間，其中又以早上十一點到下午兩點之間，寫作的產值特別高，因此我安排兒子這段時間去幼兒園（上幼兒園前則是請鐘點保母幫忙）。由於會卡到午餐時間，如果沒有約人，我會在早餐吃飽一點，以便爭取更完整的工作時間。

吃飽、睡好，是提高工作效率非常重要的要件，所以「好好照顧自己」絕對是我給忙碌的在家工作者的第一個建議。吃飽以外，吃什麼也很重要。我發現吃了太多澱粉會昏昏欲睡，所以早餐我多吃蛋白質，少吃麵包。

有些人喜歡或必須在晚上工作，那就要確保那段時間你仍有充足精力（有時，生產力不佳最主要的原因，正是「疲憊」），而且工作完還要能睡得著。我就是發現自己晚上工作後常常睡不著，到了早上兒子叫我起床時都很想撞牆，所以改掉晚上開電腦寫作的習慣。基本上我下午到學校接了兒子之後，就完全不工作，頂多回覆重要的訊息，除非是十萬火急到無法隔天處理的事情才會「加班」。

不只在家工作者，上班族同樣要用自己最有效率的黃金三小時，處理最重要的事項。如果最有生產力的時段是上午，不妨早點到公司，早點開工。這樣不容易被同事

干擾，也能先把重要事項完成，再來處理新進來的任務。如果黃金時段是下午，午餐時簡單吃些不會讓你昏睡的食物，趁大家還在「回神」的時候，你就可以開始工作。

祕訣二　把「思考」與「管理」分開

這點我曾在《我在家，我創業》裡提過，收到很多讀者的回饋，他們告訴我，這真是非常重要的觀念，所以再一次強調。我從經驗中發現，很多時候工作效率之所以低落，是因為「時機不對」。

比如說，在需要安靜專心的時段，安排了與人互動的工作，思緒將受到臉書或LINE訊息的干擾；在該與人互動時，而你卻陷在自己的思維裡出不來，也會導致溝通無效。如果你也有類似的狀況，改掉這個習慣，對你會很有幫助。

我工作時，基本上以「思考型工作」為主，至少一兩個小時內非常專心的把該完成的企劃案、文章、網站內容、表格等等完成。這段時間內原則上完全不與人互動，包括檢視或回覆通訊軟體訊息，也不收Email。就算需要處理「管理型工作」，我也會以「安排線上會議」或「寫Email」的方式來進行（以思考引導管理），而不是三小時中不間斷的接受即時訊息轟炸。

但我會特別在一週內保留至少一天，完全不做思考型工作，把該聯繫的人敲一敲，不緊急卻重要的信件回一回，甚至打電話和夥伴討論接下來的規劃。通常我會安排在週五，這個時間的溝通能夠給人一點時間去消化沉澱，也會帶動下週進行「思考型工作」時的方向微調。聯繫的最後說聲「週末愉快！」更是暗示對方「請不要在週末找我，我要休息」。

祕訣三　要隨時動腦、隨時暖機

有人問我：「如何快一點進入『心流』狀態？」我的回答是，讓自己隨時保持在「暖機」狀態。我習慣在搭車或走路的時候，聽音頻課程和閱讀，也會在洗澡和做家事時，構思文章或演講的內容架構，等到一有時間坐下來真正「工作」，就不會要瞪著螢幕發呆。坐在電腦前一個小時，只為了寫出一封Email？很抱歉，對忙碌的爸媽來說這真的太浪費時間。不如上班途中沿路構思，絕對能有效縮短從「坐下來」到「寫完信」的時間。

社群媒體是許多新知、新聞與好文的來源，但過多的訊息得花太多時間過濾，反而更累。所以，我只在休息時間看臉書和ＩＧ，關心好友的動態，暖機時間就打開我精選訂閱的平台或隨身攜帶的書，這樣不但節省了很多時間，也能確保閱讀的情緒平靜（有時候看到一些網路文章和新聞真的會腦充血）。「吸收資訊」並不等於「學習」，更不等於「思考」。低品質的資訊過多，其實會減緩學習速度、降低思考能力。有時看到高品質的文章，會讓人血脈賁張、文思泉湧，這時不妨將乍現的靈光好好記錄下來，坐下來工作的時候，就有源源不斷的創意與題材了。

以這篇文章為例，我已經思考了至少三個星期，這邊一點、那邊一點，不論是從閱讀中獲得的靈感，或是對這個主題的想法，全都記錄下來。等到真的打開電腦，從下標題到一路寫到你正在讀的這一行，只花了二十五分鐘。隨時動腦、隨時暖機，就是省時間的好方法！

祕訣四　選擇你的戰場

少即是多，只說「你說，才特別有價值」的話，只做「你做，才特別有價值」的事，這是我過去半年多的深刻體會。每個人都有很多話想講，很多事想做，但若這些話和這些事不一定需要「我」來說、來做，何必浪費時間呢？例如，經營個人網站和粉絲專頁，並不需要對每個社會議題都發表高見；身為老闆，每天都看到公司還有很多可以改進的地方，若這也想改那也想做，夥伴能有多少力氣可以回應你這千百萬個「這裡請調整一下」？

我常提醒自己「Choose your battle to fight!（選擇你的戰場！）」。不要選一場不值得的戰爭去打，就算贏了，也只是耗費精力而已。所以，每天我會選出「今日一定要完成的三件重點工作」，在這黃金三小時內完成，這樣就非常足夠了！

現代人總說自己「很忙」，看起來行程表滿滿，其實是在許多日常雜務中奔波。時間很寶貴，千萬不要浪費在「非主戰場」的事情上。例如，將生活中的雜務外包，而公司裡某些行政工作用電腦軟體取代，甚至拒絕某些與你的目標並不相關的任務，都能為你節省不少時間和精力。

祕訣五　讓噪音遠離你

你說，在家裡，孩子就是噪音！的確是，所以在家工作的爸媽對「真實噪音」的忍耐力，其實還挺高的。但這裡說的「噪音」並不是指孩子的玩鬧聲，而是指「不重要的訊息」。我在工作時間只回覆不同事業中總共五位核心夥伴的訊息，其他的一律等我忙完「思考型工作」後再回。這段時間，我也只會接聽先生、女兒、幼兒園，和我媽媽與妹妹的電話。

我從過去習慣整天不停查看訊息，到現在一天只收發兩次Email。一早先檢視有沒有「核電廠爆炸」等級的重要急件要優先處理，沒有的話就只看而暫時不回。等到忙完「思考型工作」後再收一次信，順便一次回覆當日該回的所有信件，而且手腳要快。我剛開始採取這種做法時，的確有些工作夥伴會很緊張，好像聯絡不上我，現在他們已漸漸習慣這樣的節奏，反而沒老闆吵，他們更可以安心規劃自己的工作步調。我在固定時間聯繫，大家便知道固定時間一定找得到我，這樣也是一種安全感。

這些祕訣是我不斷在錯誤中除錯，並經過一再調整後，採行至今的工作與生活法則。如果能在三小時內完成許多工作，不需要整天坐在電腦前，安排起「家庭行事曆」，自然會感覺舒服一點。如果你有興趣，我的另一本書《我在家，我創業——家庭CEO的斜槓人生》的〈每天工作「黃金三小時」〉文中提到更多的執行細節，可以參照閱讀。

point

- 不只在家工作者，上班族同樣要用自己最有效率的黃金三小時，處理最重要的事項。
- 在需要安靜專心的時段，不安排與人互動的工作；在該與人互動時，不做思考型的工作。
- 隨時動腦，隨時暖機，就是省時間的好方法！
- 只說「你說，才特別有價值」的話，只做「你做，才特別有價值」的事。
- 別讓「不重要的訊息」干擾你！

12

和孩子一起在家工作

——再棒的計畫，都有趕不上變化的時候

今年（二〇二〇年），全世界因為新型冠狀病毒的影響，學校紛紛停課，幾億名學生必須留在家裡，許多上班族也在家中開啟了遠距工作模式。這樣的日子過了一個多月，有天我詢問「我在家，我創業」臉書社團的成員：「這段時間最挑戰和辛苦的，是什麼事？」

沒想到大家擔心的，不是因為疫情訂單變少，也不是工作與生活難以平衡，第一名竟然是——小孩停課在家，要怎樣一邊工作，又不對孩子抓狂？

真的，很難。我在家裡一邊工作一邊陪伴孩子的日子，不知不覺已過了好多年，

我絕對不會告訴你那是件容易的事！事實上，創業已經好多事得忙，加上小小孩在旁邊團團轉，肯定是比「全力投入創業」或「全職育兒」的難度來得高。許多爸媽曾告訴我，他們夢想可以跟我一樣，在家中工作，同時陪伴孩子成長，這幾週折騰下來，其中不少人居然都同意「出外上班真幸福」。親子關係果然需要一點距離才更有美感啊！也因此最近我收到很多爸媽的訊息，想知道這樣的日子我怎麼能撐了十七年，仍然對孩子充滿愛戀。

Jascha也經歷過這種「驚嚇」。兒子還小時，他半工半讀還進修中文，總覺得陪孩子的時間不夠多，常羨慕我可以在家工作真好！我總是很誠實的說：「別傻了！一天之中能有幾個小時專心工作，再回家專心陪小孩，是很幸福的事。在家工作，不一定適合所有人。」

當他決定創業後，終於每天都在家了。兒子一整天都有大玩伴，當然非常開心，父子倆共度了一週左右的蜜月期之後，Jascha對我說：「你怎麼有辦法思考？我覺得耳朵都要炸掉了！我需要坐下來好好醞釀和做事。」他偶爾會失去耐心或異常疲憊，我看在眼裡，也只能拍拍他肩膀，說聲「繼續練功」！

臉書創辦人馬克．祖克柏（Mark Zuckerburg）日前宣布，未來封鎖期結束後，臉書仍會讓員工繼續維持在家工作。經過這次疫情之後，大家發現每天通勤到公司上班，並不等同「一定有好績效」，因此不少企業開始建構遠距工作的制度。我相信這是趨勢。以下分享我這些年和孩子一起在家工作的心得。

祕訣一　切記！孩子不是故意要跟你作對

孩子總是在我們很忙時不斷提出需求，或許因為當下我們已經沒有更多的腦容量可以應付孩子，很容易覺得孩子是在故意找麻煩。但其實多數的孩子只是想要得到爸媽的注意，或是希望爸媽陪他們一起玩。他們還沒發展出「看人臉色」的能力（很多成人也沒有，所以不必苛求孩子），也搞不清楚「工作」是怎麼一回事。

曾經有一次，我正在處理一件很要緊的事，兒子卻緊緊抓住我的手臂不放，實在讓人很抓狂！我皺起眉頭正要叨唸時，他突然對我說：「媽咪，我很喜歡你，所以我想要一直跟你在一起嘛！」

剎那間，我發現自己把兒子想得太調皮了，根本是「以小人之心度君子之腹」。女兒小時候也喜歡這樣黏著我，只是她用的方法不太一樣，她總是坐在我旁邊看書、吃點心，所以我並不感覺被干擾，兒子也一樣，只是想要「和媽媽在一起」而已。先放下「孩子愛找碴」的預設立場，爸媽的理智線比較不會那麼容易斷裂。

「家庭行事曆」絕對是必要的！

沒錯，我要再次強調「家庭行事曆」。相信我，「照表操課」真的會減少很多麻煩。孩子進入學齡後，行事曆研擬起來相對容易一些，只需要在某個時間將孩子送到學校，就可以專心工作了。然而，若是家有學齡前的孩子，或是像是現在許多國家因應疫情實施封鎖政策，孩子長時間待在需要工作的爸媽身邊時，真的會讓生活大亂。這時候有必要重新擬一份「在家工作版的家庭行事曆」！

千萬不要認為在家工作，就可以全家睡到自然醒，肚子餓了再去煮飯，想看電視就看，玩樂夠了再花點時間工作即可。如果你需要組織整個家庭的活動，並且在完成工作任務之餘，全家三餐都有營養的東西能吃，孩子們都完成功課，那麼就必須訂定一份能夠氣定神閒將這些事都做完的行事曆。在家工作版的家庭行事曆有幾個比較特別的地方，以下就一一為各位說明。

祕訣二　以四十五分鐘為上限，動靜交替安排

我們必須先接受一個殘酷的現實——孩子無法超過四十五分鐘「只」做一件事。

事實上，孩童的注意力大概只能維持二十分鐘，就需要稍微轉換焦點。所以當我必須工作，卻沒有人可以換手協助時，我不會讓孩子等我超過半個小時，以免換來失望與抓狂。讓孩子自己玩個三十到四十五分鐘之後，我會安排與孩子「一起」做些事，例如煮飯、烘焙、踢球、玩牌，半小時到四十五分鐘後，我便能再回到工作。通常這時候孩子又可以自己玩上一陣子。

這可不是我發明的方法，而是從兒子的幼兒園學來的。我發現老師們不會安排讓孩子做同一件事持續三個小時，總是在半小時內先進行「靜態活動」，接著安排「動態活動」，然後安插洗手、吃飯、喝水等起居作息，再展開下一個三十至四十五分鐘的循環。我把這個方法運用在家中，居然也奏效了。隨著孩子長大，能夠自己玩的時間也變得更久了。

有些媽媽可能會比較辛苦，因為孩子喜歡的都是「動態」的活動。例如我家兒子就比女兒更喜歡踢球和跑跳，所以我會盡量在陪伴他的時候多選擇動態活動，同時滿足他的「陪伴」與「活動」需求後，比較能夠在我工作的時候獨自玩耍。

能否活用這一招，孩子的年紀也是關鍵！如果小孩還無法用語言溝通，真的比較難自己玩，這階段的爸媽我建議不要勉強，安排好幫手才是上策。兒子還小時，我手上隨時都有四五個名單，可以幫我擋個兩個小時，讓孩子能開心玩耍，我也能安心工作。我的兩個孩子都不是江湖傳說的「天使寶寶」，但他們確實能隨著成長，漸漸學會配合爸媽——我等爸媽忙一會兒，爸媽就能專心陪我玩一會兒。

祕訣三　尋求支援，彼此換手

和孩子「一起」在家工作，時間的確會被切割得很零碎。一般情況下，Jascha和我在每天的上午和下午，總會互相換手一次，所以我可以在上午和下午分別工作完整的一個半小時，他也是如此。這樣的工作時數，對已經習慣在家工作的我們已經很足夠，有時候我們甚至不需要這麼多時間呢，多出來的時間我們就會和孩子一起玩牌、看電影、運動。

若有某個任務需要更長的工作時間，我就會「借力」其他人。例如Jascha今天就趁我與孩子一起煮食的時間，光速完成了當天的工作，還開了好幾個電話會議，此刻就換他陪孩子玩樂高，而我寫著你正在閱讀的這篇文章。我們互相支援，所以兩人都能完成工作。

至於我和Jascha都忙時，女兒就會出手幫忙。有次，一位我們正在接洽的供應商臨時通知人在瓦倫西亞，想跟我們碰面，女兒就自告奮勇帶弟弟去吃冰淇淋，讓我們夫妻得以共同出席這次聚會，也因此談下了合約。除了突發狀況之外，平時女兒要是察覺到我們已經忙到情緒緊繃，也會主動提議帶弟弟去公園走走，好讓我們喘口氣。

在異鄉生活，沒有爺爺奶奶外公外婆幫忙，兩個大人加上一個準大人女兒很有默契的互相支援，我們已經覺得很幸運了。有些家庭必須一打三、二打二，真的非常需要外援。

建議平常擬好一份支援名單，有需要的時候，可以預先安排幫手。兩個孩子還小時，我會安排鐘點保母，每週來一到兩次，每次三個小時，讓我可以稍微喘口氣，趕上工作進度，還有另一個好處——知道自己隨時有人照應，對孤軍奮戰的爸媽來說，是心理上非常重要的支持力量。

祕訣四　讓孩子理解「工作時間」是什麼意思

很多爸媽以為，只要孩子知道「工作才能賺錢，才能買東西」就會好好配合，其實孩子很直觀，他們比較關心的是「那現在我一個人可以幹嘛？」或「等一下我們可以做什麼？」我從孩子聽得懂大人說話，就開始告訴他們：「媽媽工作的時候需要專心，所以你可以在我旁邊做○○○○，但不能一直和我說話。」並且讓他們知道，只要他們願意配合，等我忙完就可以一起做些他們喜歡的事。

我更喜歡的則是讓孩子在我旁邊一起「工作」。在蒙特梭利的教育觀念中，孩子的玩樂也是他們的工作，他們可以在其中習得並完成一些事，例如用樂高蓋一個房子、做一塊黏土、畫一張圖、讀一本書。如果他們能在我們工作的同時，也完成一件自己選擇的任務，他們也會很有成就感喔。這也能間接讓他們更加了解「工作」二字的意思，那就是——在一段時間之內，專心完成一件事。現在五歲的兒子還會在我打斷他畫畫時，告訴我：「媽咪，我現在需要『專心』，你等一下再跟我說話喔！」

祕訣五　布置一個孩子也能工作的環境

我的書桌旁邊放著孩子的畫筆，備有幾十張白紙，讓他可以隨手畫畫。另一個角落放著樂高，那也是兒子可以安靜自己玩一陣子的東西；我的桌子後面有一袋黏土和用具，他有時也喜歡用黏土做一頓飯給我吃。我工作，孩子也在我旁邊「工作」。

環境的引導非常重要，例如在幼兒園裡面，不同的區域擺設不同的東西，當老師帶孩子到某個角落，固定進行某種活動，久而久之孩子便知道在餐廳不可以跑、在閱讀角要安靜讀書、球只能在戶外玩等等「規則」。在家裡也是這樣。

當我與Jascha都得忙時，兒子已經懂得「配合」我們大概半小時，他要說話或有需求也是可以，但是必須舉手，不能任意打斷我們，就如同我們不會任意打斷他一樣。我們彼此配合，在不同的區域進行不同的活動。雖然家裡不大，但是在我們的辦公桌旁邊就是「安靜區」，如果我們坐下來了，他也可以在我們旁邊坐下來，安靜畫畫、玩樂高或捏黏土。

永遠為最糟的情況做好準備

看到這裡，你可能會問：「孩子永遠都這麼配合嗎？」隨著年歲漸長，多數時間他們是可以做到的。但是，當然也會有做不到的時候，特別是孩子餓了或累了時。所以一個很穩定的時間表，對家庭能否順暢運作真的很重要，因為這才能確保大家都在應該吃東西的時候有東西吃，該休息的時候能夠充分休息，不會有人因為狀況不好而生氣，自然就比較容易相互配合。

當孩子年紀很小（三歲以下），或家中生活因故比平常混亂的時候，「沒辦法配合」的機率會比較高。此時，「接納」是很重要的功課。接納今天孩子或自己的狀況、接納幫手臨時無法支援、接納今天突然下暴雨。當我們接受「這就是現狀，我只能應對」的時候，比較容易放下想要與現實抗爭的憤怒情緒。

我曾為了一次採訪的主題，好奇問老公和女兒：「我是怎樣的母親？」女兒想了一下說：「你是很包容的媽媽。」老公說：「你是接受度和配合度超高的媽媽。」包容、接受、配合，這些在我過去的人生字典裡找不到的陌生詞彙，就這樣在十七年的歲月裡，與孩子一起在家工作的過程中，被磨練出來了。

我絕對不是特別「偉大」，只是更為「實際」。如果現實就是「孩子餓了，所以哭鬧」，我就是得起身去弄東西給她吃；因為「電腦就是壞了，所以沒辦法工作」，我也只能平靜的想辦法修理；如果「安排好要來照顧孩子的人，臨時不能來幫忙」，我也只好硬著頭皮面對。

平時超前部署「最糟狀況」的應對方式，是很有幫助的。如果A不能照顧孩子，B可否臨時支援？如果家裡不能工作（例如網路壞了、水管破了、忘了帶鑰匙進不了家門……這些都是我的真實經驗），哪裡能讓你擋一下？家裡有沒有隨時準備打開就能吃的健康點心？永遠為最糟的情況做好準備，希望用不上，但真的遇上了，一定能讓你稍微喘口氣。

雖然分享了很多「和孩子一起在家工作」的恐怖狀況和應對方式，但其實我非常享受當我工作時，孩子陪在我身邊的時刻。我特別懷念女兒陪我搭高鐵到各地演講，入住不同的旅館；也特別喜歡當我壓力有點大時，轉身就能看到兒子為我捏的黏土水果、為我組合的樂高火箭。未來，這些都會是我極其珍貴的回憶。

因為，很快的，孩子就算在家，你可能也沒有感覺了。就如我家的十七歲美少女，在家時獨立和安靜到讓人感覺不到她的存在。我寧可好好享受「媽咪！媽咪！」的呼喚，因為，這可是很多每天得外出工作十個小時的爸媽們，最期待聽到的美妙聲音呢！

point

- 孩子不是故意要跟你作對，他只是想要得到你的注意，或是希望你陪他一起玩。
- 「照表操課」真的會減少很多麻煩。生活大亂時，就來重新擬一份「家庭行事曆」吧！
- 沒有人可以換手協助時，不要讓孩子等你超過半小時，以免換來失望與抓狂。
- 平常建立好一份支援名單，有需要的時候，可以預先安排好幫手。
- 引導孩子在我們工作時，也完成一件自己選擇的任務，他們會很有成就感。

輯三

執行篇

每一天的幸福日常
——休息、學習、打造未來

生活並不是要過得令人羨慕，而是過得愈來愈像自己。
將時間安排在對未來有幫助的事情上——休息、學習、打造未來，持續做這三件事，讓我們再忙，都能精神奕奕，充滿活力！

13

休息之一：跟「工作」同等重要的事

──飲食、睡眠、運動三項生活功課

如果問：「有時間該做什麼？」很多人都以為我會回答「工作」，但我認為好好吃、好好睡、做一點運動，這三件事既是「放鬆」，也是「功課」，是跟「工作」同等重要的事！

或許是因為賣力工作的父親早逝，加上早期創業的辛苦，我一直都有種憂患意識，害怕花了太多時間在工作或應酬，卻沒把自己照顧好。現在我四十四歲，最大的人生願望就是能抱到孫兒（前提是我的孩子願意生小孩），所以我的身體還得要使用很久很久，當然要好好照顧！

或許有人以為，犧牲飲食睡眠與運動時間，就代表自己很「認真」。的確，「廢寢忘食」投入在某件熱愛的事情中，真的很幸福，但如果長時間如此，就得提醒自己按下「暫停」鍵，休息一下。當我們以為可以「跟未來借用時間」，就不會花心思有效率的做事，更不會用心選擇真正關鍵的戰役去打。我不認為這是「認真」，更像是無頭蒼蠅般亂衝，徒然浪費許多力氣。

即使至今，我偶爾也會在工作忙起來時忘記吃喝，這是我的弱點。在這方面，Jascha做得比我好太多了。他對於飲食、睡眠、運動的自律，讓我深信他做許多事情絕對都能成功。因為要維持好的生活作息，並不比經營事業來得容易！當我們身心都能處於平衡狀態時，腦袋才會清楚，精準做好每一個決策。

每天好好吃

我從小被奶奶擋在廚房之外，她認為煮食是如她一樣不識字的女人才要做的事情，小孩的任務就是專心讀書，以後才有好工作，她的觀念確實成就了子孫們的高學歷與事業成功；然而也讓我們很晚才學會怎麼「生活」，真是可惜！我好希望當初能跟奶奶多學習台灣美食的做法、如何聰明打點家務、對家人無私的付出。

創業幾年後，我發現自己的生活品質並不好，一忙起來，總是以最方便取得的東西果腹，舉凡婚禮現場的便當、收工後的炸雞排和鹽酥雞、喝杯小酒點滿一桌快炒，可說是毫不忌口。隨著年歲漸長，飲食的惡果也反映在健康檢查報告上。我開始有了內分泌問題，多年的多囊性卵巢使經期十分混亂，膽固醇指數直線飆高，幸好還沒被醫生勒令要吃藥，也就隨它去了，畢竟當時的我把工作擺第一啊！

在一次創業好姐妹的聚會裡，有人帶了體脂計到現場，大家互相簇擁著去量體脂肪，沒想到一踏上去，數字就嚇到我。當時我的體重只有四十六至四十八公斤左右，體脂肪卻高達二十六至二十八％，可以想見完全就是個「泡芙人」，沒有肌肉只有脂肪。我們幾個都是三十多歲的創業媽媽，孩子都還小呢！於是姐妹們決定一起實踐「健康新生活」。

以前，我一天至少要喝四杯咖啡，那段時間卯足全力減到剩一杯；「排毒週」只吃蔬菜、喝水和無糖豆漿，戒除麵包、米飯和麵食，還要確保自己沒有餓到肚子（因為飢餓也會讓體脂肪上升），一開始真是辛苦，一週下來竟然就有了不錯成績。後來，我又增加白色蛋白質（例如雞肉和蛋）以及好的油脂（例如特級初榨橄欖油），更是漸入佳境。我們健康新生活的姐妹還會相互交流該怎麼吃、到哪吃。突然之間，我才發現每天得花這麼多時間做的「生存要事」，居然如此有趣！

我每日記錄飲食和作息，搭配每週一次的教練課程，學習看食品的標籤、外食時挑選適合的食物、做簡單的運動等等，同儕效應加上詳實記錄，我的體脂肪降到了二十至二十一％之間，終於能穿回二十多歲時的褲子。雖然因為肌肉量上升，導致體重變重了，但整個人看起來健美許多，心情也跟著開朗起來。我以前不知道飲食居然也會影響心情，原來「好好吃東西」也是幫助自己穩定情緒的方法。

到了歐洲之後，外食不若台灣方便，加上時間變多了，開始學著自己煮食。這才知道其實很多美食並不難做，只是過去圖方便，習慣直接購買，無意間吃進去很多不必要的添加物，或是過多的油與糖。我開始選擇在地與當季的食材，注意生產過程是否符合環保與永續的概念、產出和運輸的過程有無造成環境的傷害。We are what we eat! 這些我未曾關注過的議題，從自煮開始變成我的日常行動。而飲食習慣的改變，也間接促成我們投入食品進出口業，決心讓自己的生活以及事業，都能對地球和其他生物有正面的幫助。

自己煮食與關心飲食，也成為我們與孩子之間的生活樂趣。女兒與我會彼此交換有興趣的食譜，假日有空我們就會一起做菜；兒子也很喜歡和我們一起做菜烘焙，他因此知道食材原本是什麼模樣、從何而來，又該如何挑選；而Jascha本來就是個重視飲食的健身控，他相信「八成的腹肌都從廚房誕生」。因此，一家人聚在一起好好煮食、好好享用，是我們家非常重要的家庭時光。

相信我，生活上所有的改變，都可以從「飲食」開始，而且連鎖效應十足。當我們能夠控制自己吃進口中的東西時，對生活的「掌控感」也會隨之提升。與其想要一下子去做到什麼了不起的改變或追求遠大的目標，不妨從關心自己的飲食開始吧！幾個月後，你一定能感受到不一樣的自己。

每天好好睡

除了少數幸運的爸媽，生到很快能睡過夜的「天使寶寶」之外，大多數的父母在孩子剛出生的那幾年，作息會隨著寶寶的吃喝拉撒睡，被切割的相當零碎，即使是半夜也很難連續睡上三小時。再厲害的育兒法，對睡眠嚴重不足的父母親來說，都毫無用武之地！若再加上工作或創業，對體力真的是很大的挑戰。

如果真的累到連站著都可以打瞌睡，或像我曾在等紅燈時在駕駛座上睡著，真的就該好好調整睡眠在生活中的優先順序了！睡眠不足，不只會造成危險、影響健康，也容易引發情緒失控或錯誤決策。輕忽睡眠，代表我們只是借用未來的時間而已，終究是要還的，而且可能還得加上利息。

之前談到我的「健康新生活」計畫，不只是飲食控制，也包含生活作息的改變。太晚睡或睡不夠，都會讓降體脂大計破功喔！我那時候知道了睡眠的重要性，但真正完全改變則是懷兒子之後才開始。當時德國的婦產科醫師警告我「你的血紅素太低了，可能會影響胎兒發展！」不只要我多吃紅肉，還特別要求孕婦要多睡覺。

那時我才剛到歐洲，還很固執的希望能控制台灣的大小事，心想「反正有網路嘛！我可以『隨時』參與所有的會議」，完全忽略了時差的影響。台灣的白天十點，是德國的半夜三四點（視冬季或夏季時間而定），如果我完全依照台灣的時間工作，等於一整天都不用睡覺了。我還真的這樣過了好幾個月，直到醫生警告，才被老公勒令不准再熬夜。睡得好、睡得飽，整個人神清氣爽起來。

好日子稍縱即逝，兒子出生後，我陷入每兩三個小時就要餵奶的恐怖循環，十一年前的經驗並沒有讓這件事變得比較輕鬆（只是心理的驚嚇比較小一點而已），這才發現「好好睡覺」真的是需要很努力才能做到的一件事，甚至比創業還要困難。身為「創業癌」患者，我可以為了事業不眠不休，但要自己喊停，卻是難如登天。

相較於台式拚命三郎作風，老公在這點上就是我的「導師」了。Jascha是個很重視睡眠時間的人，不只重質，還重量，甚至是將睡眠當作「生活重要儀式」在執行。我認為事情沒做完不能睡覺，他認為好好休息才能有更好的表現，在這點上，我們過去總有各自的堅持。但幾年下來，我的確發現，除非是火燒屁股的緊急事件，否則好好睡上一覺，隔天再早點起床完成工作，會比硬撐的效果更好。

這樣執行一段時間，並沒有讓我耽誤了任何重要的工作，反而會因為堅守「晚上不熬夜加班」的原則，而能提早安排好工作的進度。就算在寫書截稿的緊鑼密鼓階段，或新產品上市的瘋狂時期，也總能在白天就完成重要的工作，晚上和先生好好一起陪孩子、看看劇，徹底休息，隔日再戰！

我剛開始在歐洲跨時區工作時，總是很自然的「犧牲小我」，在德國的睡眠時間加班，以配合台灣的工作時間。Jascha 問我：「難道兩個時區的上班時間完全沒有重疊嗎？」我仔細一看才發現，台灣時間下午一點到傍晚五六點，正好是歐洲的上午，我只要將台灣時間上午必須進行的工作「超前部署」完畢，雙邊就都能用正常白天時間來工作。而且這樣還有個好處，基本上我的重點工作都能在中午以前完成，下午便能悠哉的處理個人的工作（例如寫作），以及做家務、約會、接送或陪伴小孩。我原先的「犧牲」，其實只是偷懶，自己不動腦思考與安排造成的。

對 Jascha 來說，晚餐過後絕對是神聖的休息時間。一開始，我單純是為了配合他而盡量將工作在白天完成，久而久之作息也改變了。我發現「日出而作，日落而息」的生活方式，讓我們擁有更高品質的家庭時間，也得以在睡前幾個小時，就讓腦袋漸漸安靜下來，達到真正的「休息」。

有了孩子之後，又多了一個早點「下班」的理由。在前面的章節（請見頁138）提過，Jascha 非常堅持孩子一定要在八點上床睡覺，就算我們搬到了晚上八點餐廳才慢慢開門的西班牙，仍舊如此。

我們家之所以能確實做到小孩八點上床，最重要的關鍵就是——從晚餐時間就開始準備，而不是晚上八點才突然吹熄燈號。我們比一般家庭早開飯，吃完晚餐後玩一下，孩子就該準備刷牙睡覺，這是我們家行之有年的日常。對Jascha 來說，孩子睡著後他才能有自己的時間，所以這絕對比其他事更值得堅持，拜此之賜，我們才能夠享受「Me Time」以及夫妻相處的時間，並且確保至少六個小時以上的充足睡眠。

兒子八點就上床，那早上呢？肯定很早起。是的！他時常六七點就醒來，而且睡得飽飽所以活力十足。我和 Jascha 便講好，一天他早起陪兒子弄早餐，另一天換我，好讓另一個人可以多睡半個小時到一個小時，不無小補。我們在一家人的睡眠時間上花了最多的努力，因為我們都知道，如果一大早要拖著疲憊的身軀，面對一個沒睡飽的「盧」小孩，根本是與世界末日同級的災難。因此，我們寧願被視為「難搞」，也不接受晚餐約會或應酬，因為「睡好」就是最強大的軍火庫，能讓我們從容面對工作和家庭（甚至婚姻）中的許多挑戰。

我知道在台灣，有很多上班族下班的時間已經很晚了，甚至孩子也很忙，要上安親班或補習班，作完功課都九點了。這樣也會延後睡眠的時間。若能盡可能在孩子還小、沒有課業壓力的時候，讓他們習慣準時上床，多睡一些，對養成他們穩定的情緒與健康的身體，絕對大有益處。

而飲食與睡眠之間也有連動的關係。因為擔心孩子太過興奮不容易入睡，我們家在晚餐過後，不會再讓孩子吃零食甜點。平常，我們家也很少吃含白糖的食物，桌上固定放著堅果，例如無鹽的杏仁、腰果、花生等等，吃一點就能安撫嘴饞的慾望。

當然，週末或假日我們會稍微放鬆一些。偶爾讓孩子多玩一下、晚點睡，隔天他們若晚點起床，我們也能一起睡晚一點。保有一些彈性，也是必要的。

建議大家，在安排「家庭行事曆」時，一定要把「每個人」都能好好睡覺的原則思考進去。每個人或許需要不同時數的睡眠，協調出一個全家人都能做到也能感覺滿足的方式，絕對是值得的。

固定的運動習慣

前面提過 Jascha 對健身的瘋狂，絕對不是每個人都得像他那麼拚，才是「健康」。以我為例，就是沒有當個「美魔女」或「辣媽」的決心，加上每天都在為家務而忙，光是能為自己動一動，在身體和心靈上就已經很滿足。

你是不是想問「都已經沒有時間了，還運動？」其實好的運動習慣，並不需要花很多時間呢！當我的「健康新生活」計畫達到一個階段時，我就請一位私人教練好友，每週兩次固定到我家教我「客廳就能做」的運動。他教我怎麼暖身、如何在看電視時同時鍛練腹肌與大腿，甚至在刷牙的時候也可以動一動。這些方法讓我無論人在哪，即使是在旅行途中，都能活動身體。

現在網路上有很多健身教學，跟著影片做個十分鐘、二十分鐘的運動，非常有趣也有用。我家女兒是校隊成員，因為新冠病毒疫情影響無法出門練球，讓她非常擔心身材走樣、體能變差，所以她就跟著「網路教練」在客廳健身。雖然做為健身房，我家客廳完全稱不上寬敞，女兒總是能做得氣喘吁吁，還意外練出馬甲線呢！

Jascha 這段時間當然也沒辦法上健身房，所以他買了一些簡單的器材，也從網路上找到在家健身的方法（他與女兒做的是完全不同的強度），每天鍛練不同的部位大約一個小時，健身時間甚至比平常還多。在這種全境封鎖時期，很多事都被迫停擺，許多人因為三個月不能出門、休息時間變多而發胖了，我們在家中又不斷陪兒子做蛋糕和麵包，Jascha 卻堅持執行飲食控制與運動，最近體脂肪甚至降到十%左右，真的讓人不得不佩服他的毅力和堅持。

忙碌的現代爸媽每天總有很多該做的事，心中也有很想完成的遠大目標，但我必須提醒各位，沒有健康的身體，再偉大的成就又有什麼意義呢？讓身體維持在好的狀態，保有正面的心情，更容易吸引到好的機緣順利達到目標！因此，我建議時間很少的各位爸媽們，飲食、睡眠、運動這三件事情，絕對要更優先規劃、執行。

point

- 並不是犧牲飲食睡眠與運動時間，就代表自己很「認真」。
- 相信我！生活上所有的改變，都可以從「飲食」開始，而且連鎖效應十足。
- 「睡好」就是最強大的軍火庫，能讓我們從容面對工作和家庭（甚至婚姻）中的許多挑戰。
- 讓身體維持在好的狀態，保有正面的心情，更容易吸引到好的機緣順利達到目標！
- 沒有健康的身體，再偉大的事業成就又有什麼意義呢？

14

休息之二：規劃一趟美好的家庭旅行

——最重要的目的是「在一起」

每個家庭追求快樂的方法都不一樣。我們家花費最大的項目，絕對是「享受美食」和「家庭旅行」。這兩種「在一起」的方式，對我們來說特別紓壓，加上平常並不購買名牌行頭，生活用度也算精省，所以在這兩件事上我們自然可以稍微放肆一點。

我們一家四口都喜歡美食，我通常會讓女兒決定全家本週要去體驗的新餐廳。除了因為她很會找厲害的餐廳之外，這也是讓她有「決策感」的一種方式，當然也省去大人思考規劃的力氣。一起去吃頓好吃的，就像是我們在居住城市的家庭小旅行。

我很明白，「家庭旅行」對很多父母來說，並不是放鬆，而是壓力，我也曾如此認為。因為一趟旅行要籌備的細項很多，每個家庭成員各有不同的需求和喜好。所以，許多有小孩的家庭甚至乾脆放棄了家庭旅行這個選項，也有不少人聽到其他爸媽的慘痛經驗而打消念頭。但在這個章節，我要分享一些不同的經驗，或許會讓各位對於「帶孩子出遠門」從此改觀而勇於嘗試喔！

祕訣一　設下合適的期望

首先，你對「家庭旅行」的期望，必須跟「獨自旅行」或和另一半「兩人出遊」不同。如果你還是期待夜生活多采多姿、躺在沙灘上什麼都不做，或者三天之內跑完巴黎經典景點，那當然就會覺得處處受限。想要享受一趟舒適的家庭旅行，首先就是要做「對的期望」，先放下單身或小倆口時期對旅行的幻想吧！

我還記得當女兒剛到德國與我們團聚時，趁著夏日天氣正好，我們一家四口到了離漢堡不遠處的海灘，我和Jascha攤開海灘墊只想做日光浴。兒子還是小嬰兒，沒有行動能力任由我們擺布，但女兒可就不是這樣了！

十一歲的她對日光浴一點興趣也沒有，她只想去踏浪，進到水裡把全身弄得濕答答。這可跟我們對海灘行程的期望不一樣。我勉為其難的爬起身，追在她後頭跟著跑過來又跑過去，不禁笑了：「真可愛，這就是孩子的天真活潑啊！」在我們十一歲時，哪會覺得曬太陽有什麼樂趣呢？

但現在，她已經是個準大人了，對海灘的興趣和十一歲時完全不同，她會自己準備海灘巾，穿上比基尼並塗上助曬的防曬乳，在陽光下跟我們一起躺上幾個小時，看書睡覺聊天滑手機。現在，我們可以一起享受在沙灘上放空的樂趣了！然而，五歲的弟弟正是愛往水裡衝的年紀，我們三個得輪流陪著他跳浪尖叫。如果大人安排了一次旅行，想要放空卻帶上了五歲或十一歲的孩子，肯定會覺得很痛苦。

我們也極少帶小小孩去需要安靜的博物館，或喝貴婦下午茶。原因很簡單，因為沒有一個人會覺得享受。我很喜歡一個人靜靜欣賞畫作或雕塑，然而那不是一個正常五歲小孩會喜歡的事；等到他們十五歲時，這樣的活動或許就很適合親子一起做。想想，如果我硬是要帶個三歲小孩進入美術館或神聖的教堂，隨時得看著他別亂跑亂碰，或全程必須提醒孩子安靜，整個過程當然會很讓人崩潰。

事實上，當我們一家人去巴黎慶祝我的生日時，完全沒有造訪任何一間博物館！那我們做什麼呢？在博物館外頭的廣場奔跑，到塞納河畔的臨時遊樂場玩遍所有遊樂設施，然後去香榭麗舍大道上的運動用品店買了一顆足球，接著全家到艾菲爾鐵塔前的社區足球場踢球。

這不是一般家庭去巴黎的旅遊行程，但我們一家四口對於這樣的安排非常滿意。我預訂了遊塞納河的高級郵輪晚餐，也登上鐵塔一遊，當然也欣賞了香榭麗舍大道（為了要買那顆足球我們可是從頭走到尾），回想起來這些都是很美好的回憶，當然也包括了在巴黎市中心踢球的特別體驗呢！

各個成長階段的孩子，從新生兒、學步兒、小小孩、學齡兒童到青少年，感興趣和適合的旅遊型態都不一樣。即使是同一個孩子，在不同的年紀可能會有完全不一樣的喜好。如果我們一直想著「以前他明明就很喜歡○○○○，現在為什麼不……」，將很容易感覺失望；但若換個角度想：「現在不能去做的那些事，過幾年就可以一起去做了！」便不覺得現在是吃苦或犧牲了。

千萬別抱著「一生就來這一次」的心情去渡假。沒錯！沒人可以預見明天，但也不需要在一次短短旅程中塞滿「所有」好吃好看好玩的，那只會讓整個行程充滿「實現人生願望」的壓力，我想沒人喜歡這樣的「末日之旅」，特別是孩子。他們喜歡「活在當下」，現在看到什麼就去瞧瞧、就去玩玩，如果為了趕行程而錯失了這種自在探索的樂趣，實在不值得。坐在公園看鴨子（或被鴨子追）、吃完一支超大冰淇淋弄得全身黏踢踢、精挑細選一件從沒在別處看過的酷T恤……這些微不足道的小事，才是我們家某些旅程裡最精采的回憶。

祕訣二　提早準備，但保持彈性

孩子還未上學時，要安排旅程很容易，只要大人請好假就可以隨時出遊；當孩子進入學校後就不是這麼容易，得考慮學期的行事曆，往往能跑遠一點的時候，全世界也都在放假，旅館和機票又貴又難訂。

我們住過德國，現在搬到西班牙，這兩個國家都非常重視孩子的「受教權」，所以不能在「非假期」任意帶孩子出遠門，否則父母可能會被罰款，甚至被政府提告！加上我們每年還要安排回台灣探親，Jascha與我的事業也有很大部分在亞洲，所有的公事私事安排都得提早預備。因此我們每年拿到行事曆之後，就會馬上規劃出一整年可以出遊的日期，提早思考安排。不然要是跟所有的家庭一樣，只能在某些時間旅行，選擇自然很少，費用也十分可觀。

我們每年會安排兩次長假與三次短假，加起來大概有三到四個月。當然，這是因為我們的工作型態不需要進辦公室，渡假時間看起來很長，其實也包含了探親與洽公。

其中一次長假，自然是回亞洲探親和工作，也會順道安排亞洲其他地點的旅遊。既然孩子只有寒暑假才有比較長的假期，我們會預備多一些預算，並盡量把握各種「早鳥優惠」，請親友幫忙注意是否有省錢之道。例如有位好朋友因為工作緣故，總能拿到台北市各家飯店的優惠價，我就會請她幫我們留意和預約。我也會用刷卡累積的哩程數去換台灣到其他亞洲城市的機票或升等，平常使用不到的優惠都在此時用上了！如果有演講邀約與出書規劃，我也會排進這段時間。有這麼多細節必須安排，當然更要提早準備。

另一次長假，壓力就沒那麼大，我們會安排「純渡假」好好休息，有時也會邀請遠方的家人與我們在某個渡假地會合，一邊渡假，一邊與家人團聚。對於平常身邊沒有家人支援的我們來說，讓孩子們可以有機會與雙邊長輩、親戚相處，Jascha和我也能趁機休息一下，真是一舉兩得。例如之前我的母親和妹妹參加旅行團的義大利行程，中途在米蘭與我們相聚幾天，她們放棄了在時尚之都購物的大好機會，與我們一家四口到處走走晃晃，聊天玩小孩，還一起登上米蘭大教堂，至今在我們六人心目中都是無可取代的回憶。結束米蘭之約以後，我們一家四口轉戰佛羅倫斯，短短十天的旅程卻讓人十分滿足。

至於短旅行，可能只是個長週末，我們就完全不會安排滿滿景點，交通時間太長的也都不要，因為定點的探索更能充電！我們曾經去過阿姆斯特丹、慕尼黑、柏林，都只待三四個晚上，每天只造訪一至兩個有興趣的景點，其他時間就四處走走看看，「步行」是我們最喜歡用來認識城市的方式。

旅程中難免會有很多狀況。與孩子一起出遊，最大的麻煩就是孩子生病或太累導致鬧情緒，這些我們也都面對過。我們已經學會隨身帶著藥品出門，也學著不因臨時刪除行程而失望，更知道絕不在當下發飆，以免破壞了整趟旅程。彈性，是家庭旅行最重要的「行李」之一，記得隨身攜帶，肯定會讓你家的旅程愉快許多。

祕訣三　找出彼此之間的最大公約數

每個人都有各自喜好的旅行方式，就算是同一個家庭的成員也可能天南地北。我喜歡有故事和歷史的景點，在古蹟旁邊遙想當年的城市風華；Jascha喜歡欣賞建築物，特別是現代建築總是讓他著迷；女兒喜歡新奇的地點，最好還跟某個知名電影或影集相關；五歲的兒子當然喜歡動態活動，最好能奔跑、能踢球、能玩刺激的遊樂設施。想在一趟旅程中滿足所有人的喜好，實在非常困難。

但我們也有共同點——除了弟弟總是固定時間睜開眼睛之外，其他三人都討厭早起，而我們四個人都喜歡待在舒適的飯店，享受豐盛的早餐。一頓會讓我們發出「Wow」驚嘆的早餐，幾乎可以決定我們四個人一整天的心情。以前，為了節省旅費，我們會選B&B或民宿，但發現早上大家情緒都不好，即使想去外面找好吃的早餐，人生地不熟，還得拖著全家花上一個小時四處搜尋。很多家庭可能簡單就能處理這件事，對我們家卻非常重要。

從獨自旅行到兩人世界，接著迎接新成員的加入，每個階段我們都需要重新審視旅行的意義，找出一家人都能從中得到樂趣的方式。或許需要點妥協，但這就是「家」！我一直認為，雖然是每日相處最親密熟悉的家人，還是有一些內心世界是從未認識過的，透過家庭旅行，我們更認識彼此，相互理解並微調互動的方式。

特別是孩子們，每一年他們都在變化。我在旅行的過程中觀察他們的成長與改變，也逐步開拓我們之間的新儀式。從選擇渡假的形式和地點，就能聊出許多有意思的話題呢！

祕訣四　讓孩子參與規劃和執行

我喜歡讓女兒負責規劃行程，可以減少她覺得無聊而打壞全家興致的機會，也減輕了我做功課的負擔。我通常只會指定要求其中一個節目，其他就由大家一起討論決定。這是從一次羅馬旅行中學到的經驗。

那是我們第一次「四口之家」一起旅行，我們夫妻倆在新生兒誕生後總算可以出門透透氣，期待了很久，選了我們都很喜歡的義大利羅馬，想來個「格鬥士歷史探訪」，也幫女兒慶祝生日。

沒想到，第一天我就快要爆炸！不管走到哪，女兒就說累，對於進入競技場更是興趣缺缺。我用包巾抱著才幾個月大的兒子在古蹟中上上下下跑，已經很累了還得按捺女兒的情緒，搞得玩興全消。到了訂好的民宿，才發現預備給女兒住的房間離我們非常遠，屋裡還有一些看起來有點恐怖的舊玩具，女兒嚇得只敢在客廳沙發睡覺，自然也開心不起來。

晚上孩子都入睡後，我好好思考了一下，發現自己實在太不貼心了！我們選擇了大人自己很有興趣的旅遊目的地，卻忘了女兒才剛從台灣搬到德國，對歐洲的歷史地理一點概念也沒有。羅馬之於Jascha和我，是個很多故事的地方，之於她，就是一個老舊到不行、去所有地方都得步行的城市，加上原本就怕黑，更恐懼一個人待在陌生的房間裡。

這次經驗讓我決定之後規劃家庭旅行，一定要優先考量女兒的喜好。當下也刪減了一些原本想去的景點，改成大吃冰淇淋和義大利美食，幫她多拍網美照片，和弟弟玩樂。第二天開始，女兒開心多了！

這已經是六年前的事。前幾天女兒竟然主動跟我們說：「好想再去羅馬！」現在她對歐洲有更多的認識，自然對這些歷史城市產生了興趣。而我也覺得，如果當時我們多思考一下，別帶著嬰兒和當時的女兒去羅馬，那次旅行應該可以更有趣。

讓孩子參與規劃，還能幫助他們學著了解所有人的需求。我會在女兒設計行程之前，告訴她要注意弟弟不能走很久，中間要有休息和吃飯的地方；晚上的活動也不能安排得太遠或太晚，否則結束後還要回到旅館大家會很累。規劃行程當然很不容易，其他人便盡力扮演好團員的角色。

比如說，孩子想去的地方，大人沒興趣，怎麼辦？很簡單，「我配合你，你配合我」。我時常告訴孩子，家裡每個人都開心才是開心，所以我們的家庭旅行不會所有的行程都配合小孩，他們也要思考怎樣安排能讓爸媽愉快。女兒總是會安排晚上在弟弟入睡之後，她在房間看著弟弟，讓我們夫妻倆出門喝一杯或散散步。因為女兒的貼心，雖然是家庭旅行，我們還是享受到了西班牙的佛朗明哥舞、地中海小島的海灘落日，也曾在巴黎的小酒館喝上幾杯。對我們來說，good enough！

家庭旅行最重要的目的，其實不在於「旅行」，而在於一家人能夠有段時間不受干擾的「在一起」，創造共同的回憶。就如六年前的羅馬之旅，雖然當下有點難受，但現在我們時常拿這些經驗開玩笑，這就是我們獨特的家庭故事。如果景點看不完，就少走幾個；如果腳程太累，就早點回旅館休息。最重要的是帶著「我們在乎彼此」的感受回家！

希望這些分享，也能讓大家更享受全家人一起出遊的時間，藉由家庭旅行，讓一家人感情更緊密，心裡更溫暖。

point

- 想要享受一趟舒適的家庭旅行，首先就是要做「對的期望」，先放下單身或小倆口時期對旅行的幻想吧！
- 換個角度想：「現在不能去做的那些事，過幾年就可以一起去做了！」便不覺得現在是吃苦或犧牲了。
- 千萬別抱著「一生就來這一次」的心情去渡假。
- 讓孩子參與規劃家庭旅行，學著了解全家人的需求，也減少爸媽做功課的負擔。
- 彈性，是家庭旅行最重要的行李之一。記得隨身攜帶，肯定會讓你家的旅程愉快許多！

15 休息之三：緩和緊繃時間表裡的「夫妻關係」

——擁有自我，也享受相處

工作、家事兩頭燒的現代夫妻，光要睡飽就已經很不容易，還能怎樣擠出放鬆和共處的時間呢？這是我曾經一直問自己的。雖然我們很難有大把的時間，可以奢侈的耍廢或享受浪漫兩人世界，但完全沒有喘口氣的機會，可是會讓人崩潰、關係崩解的。怎麼在有限的時間，讓自己充飽電，同時感受到「有對方真好」，的確是維繫婚姻很重要的一環。

我原本的性格並不是很懂得放鬆和享受。想想看，我從台灣搬到德國，工作的時間和責任變少了，但我做什麼呢？寫作！短短一年就累積了一百篇文章，出版了一本書。我原本就有自己的事業，搬到西班牙後卻又跳下海，參與創立Jascha的新品牌。這些事蹟應該能證明，我真的是一個很喜歡「沒事找事做」的人。

對我來說，工作不只是工作或收入來源，而是一種「熱忱」與「樂趣」，特別是當我可以學習到新東西的時候，更可以從中得到無比的滿足。然而，我這種「熱愛一件事就一頭栽進去」的性格，時常讓我被提醒著去休息。我感謝孩子們的存在，他們防止了一個「超級工作狂」的誕生。

孩子們會敦促著我陪他們玩和聊天，要求我放下工作，一起去吃冰淇淋。而因為要接送孩子，我也必須在特定的時間關上電腦，「必須」過著一天只能工作三到五小時的生活。當朋友看著我在公園陪兒子野餐踢球、在廚房烤餅乾蛋糕的照片，莫不用羨慕的語氣對我說：「真希望跟你一樣悠閒！」然而在不同角色頻繁的轉換中間，我仍舊有一些糾結，只是隨著在家工作的「年資」增長而逐漸調適。

Jascha在這點上就與我天差地遠。德國人一般來說很堅持「個人時間」，如果下了班老闆還拚命傳訊息，員工可以拒絕回應、甚至抗議。我認識的德國人總有很多自己的事可做，有些人下了班固定慢跑運動、繪畫雕塑、在廚房裡研發新食譜，甚至織毛線、參加登山隊、組織樂團、當熱門音樂DJ等等。公公家裡就有一整套專業DJ設備，他每天從醫院下班之後，就沉浸在音樂世界裡。

我許多歐洲朋友，下了班的生活都十分精采。我發現，這些習慣是從他們小時候就培養起的。因為德國小孩上課的時間很短，中午或下午兩三點以前就放學了，也沒有成堆的作業或評量，因此每個人都得學會「打發無聊時間」。

特別是在德國鄉下成長的 Jascha，他的童年生活就是放學後做一個小時左右的功課，接著吃喝玩樂到上床睡覺為止。除了足球隊和跆拳道，他完全沒參加過其他課外活動。到現在，他已經是爸爸了，還是很喜歡在孩子睡著了之後，約他哥哥或朋友們打連線電動，一邊聊著生活近況（現在我在寫稿，他正在做這件事）。

接受每個人對放鬆的定義不同

而我卻不是這樣成長的。我的童年每週行事曆都是滿滿的！對我這個很愛學習的怪咖來說，滿滿的學習讓我覺得很充實。放學後去學畫畫、學書法、練鋼琴、下圍棋，這些其他孩子覺得很「痛苦」的事，我完全是樂在其中，到現在都是。我喜歡閱讀、書寫，找各種有趣的新知識來學，沉浸在學習的世界中，幾個小時都不覺得累。我也喜歡打掃，壓力大或心情不好的時候，我特別喜歡把廚房和浴室弄得乾乾淨淨，好像腦袋也跟著乾乾淨淨。對我來說，「學習」和「打掃」就是放鬆，就是娛樂。

我也很喜歡和孩子在一起，特別是沒有任何時間表需要追趕，單純一起胡鬧玩耍的時刻。我喜歡和青少年女兒聊天，和五歲兒子擁抱親吻。如果出門渡假，我覺得和孩子在一起更有樂趣。但 Jascha 則與我不同。與孩子在一起的時候，他總是自認得扮演好「大人」的角色，必須保護和引導他們。雖說他也十分疼愛孩子，但對他來說，完美的放鬆之旅，絕對只有我們兩個人。

從以上的分享就可以知道，每個人對於放鬆的定義可能大相逕庭，如果我們硬要對方用「我覺得」舒服的方式來休息，可能會適得其反。年歲漸長之後，我也愈來愈明白、也愈能接納每個人之間的不同。不只是理解其他人，更要學習接納自己。

四十歲以後，用最適合自己的方式、不勉強的工作與度日，這才是我理想的美好生活。無論是刻意讓自己無所事事，或強迫自己不喜歡也得去學，都無法感受到真切的滿足，當然也無法持久。了解自己，也接納他人，家庭關係才能「真正放鬆」。

正因為我對自己的「癖好」有所認識，所以能接受另一半對「個人時間」的獨特需求。Jascha 認為健身非常重要，所以就算我得在他健身時間「幫他」帶孩子或單獨工作，我也認為這是他的重要行程而全力支持他。同樣的，Jascha 也會保護我享受寧靜的片刻，在我不希望被打擾的時候把孩子帶開，或刻意保留時間給我享受獨處。我們不認為彼此花時間在獨自的娛樂上，是浪費時間或是破壞關係，我們喜歡對方感覺快樂。這對我們的親密關係來說，也是很重要的。

當然，有時候我們也會需要溝通。由於雙方都有工作也身為父母，因此個人放鬆的時間往往需要另一半的支援。無論在時間上的協調、親職方面的彼此補位，或者期望上的調整，雙方若能達成共識，就能保有自己，也能愉快共處。

夫妻雖然好像應該是最了解對方的「另一半」，但其實沒有人是彼此肚子裡的蛔蟲。如果沒有攤開來聊清楚，兩個人對於怎麼「個別」和「一起」享受空閒時間，可能會有天南地北的觀點。要是存在這樣的誤解，就容易在忙碌和疲憊時產生摩擦。以下就分享幾個既能擁有自我，也能享受相處的祕訣。

祕訣一　清楚了解自己

首先，要了解自己。如果我們連自己喜歡什麼都搞不清楚，絕對會浪費很多寶貴的時間在做一堆「看起來很放鬆」卻無法讓自己振奮的事。

舉例來說，Jascha喜歡的事，可能比較接近一般的「休閒娛樂」，而我在許多人眼中，可能像個瘋子，根本不懂得休息。然而，他去運動所得到的肢體放鬆，我在家務勞動的過程裡得到了；他在打電玩裡所進行的社交互動，我在與好友通訊及寫文章之

間，也滿足了。我們從事的活動或許截然不同，但得到的快樂與滿足，卻是相同的。

早年，我創業進入比較穩定的階段，開始有空閒時間之後，曾經固定與姐妹到不同的網美咖啡廳喝下午茶。一開始還覺得挺新鮮的，後來我發現姐妹們放鬆的方式，對我並沒有相同的功效，甚至感覺有點壓力，還不如待在家裡窩沙發聊天。我也嘗試過每週都去一次泰式按摩，但後來我發現一週一次的油畫時間，讓我更有勁。我花了一些時間才了解，腦袋想要知道的事得到解答，或經由學習而突破了過去的盲點，我才會覺得非常快樂，甚至睡得特別香。了解自己，你才不會浪費時間去追求別人羨慕的生活，卻不是自己所愛的。

前面講過，每個人放鬆的方式都不同，然而我發現，有不少人連「自己做什麼事情會快樂」都不知道。所以一個不喜歡運動的人，勉強自己跟著另一半去爬山，認為這樣可以增進夫妻感情，事實上是讓自己疲憊也提不起勁；另一個人也覺得，這個登山夥伴總是臉很臭，看來一點也不享受。與其如此，不如讓喜歡登山的人好好享受山林間的樂趣，另一個人則用其他方式支持並參與（例如為他準備美味的便當，或等在終點處，給他一個溫暖的擁抱等等）。

問問你自己幾個問題：

- 有什麼事情你做起來樂在其中，結束後也覺得身心舒爽？

- 哪些事是你喜歡與另一半一起做的，而哪些事你寧願一個人做？
- 你在什麼時間做這些事會覺得輕鬆？
- 你需要對方怎麼樣配合？

如果你能掌握到這些問題的答案，就等於給了對方一本「使用手冊」，簡單明瞭。在做日常活動的時候，不妨多花一點時間體會「做這件事時你真正的感受」。不要人云亦云，受到先入為主的觀感影響。

祕訣二　講出來！別讓對方猜

清楚說出「我今晚需要一個小時做自己的事」或「你可以配合我在這時間做這件事嗎？」別出謎語給另一半猜。讓對方有心理準備，並保留對方說「不」的權利。

東方文化有很多的「盡在不言中」。在我與Jascha剛交往的前兩年，這點是我們爭吵的前幾大原因。我總覺得「你應該知道」，而他認為「你不說我怎麼會知道」。

如果今天你真的需要獨處，好好的告訴對方；如果你需要人陪，也直接的表達。想看某部電影但對方不喜歡？可以自己找時間看，或找同好一起去看。我家的解決之道，就是利用搭飛機時把對方不會喜歡的電影一次看個過癮。

我雖然始終無法理解Jascha對健身的狂熱，但他總是會先與我協調上健身房的時間，如果我無法配合，也會開口請他挪時段；他也無法明白為什麼我晚上總需要一個鐘頭閱讀、寫作或學習，那些都不算我的正職工作，為什麼要那麼認真？但他一直都很尊重我的喜好。彼此沒有針對「你」或「我」的糾結，很單純的針對「事情」溝通，就不會產生不愉快。

祕訣三　營造「儀式感」

我們都在家工作，所以相處的時間不算少，但那些時間往往不是在忙工作，就是與孩子有關。經過幾年的協調，我們找出最好的方式，就是在睡前「固定」至少一個小時，完全保留給對方。有時喝杯紅酒聊聊天，有時將白天還未討論完的話題談完（但不談公事），當然也時常一起追劇與享受親密時光。

我們曾經嘗試過「特別的夜晚」，但發現累了一天，還要特別準備出門，感覺更累。素顏加睡衣，「宅在家」反而舒適又幸福。現在孩子大了些，我們偶爾會安排特別的午餐或夜晚，但比起來，我們更享受每晚固定時間的相處，平凡的小活動多了點特別的「儀式感」。這樣的放鬆時刻，對安然入睡也很有幫助。

祕訣四　保有「那幾件總是一起做的事」

Jascha和我共同的娛樂，就是吃好料和追劇。我們會安排孩子不在家的午餐，去米其林餐廳摘星星，或者探訪雜誌上介紹的美食；每天晚上十點半之後，是我們認真追劇的時間，各自放下所有的工作和個人娛樂。我們並非所有的嗜好興趣都相同，然而兩人找出這幾項能夠一起做的，就「堅持」一起做。

當我們做這些事時，兩人都覺得愉快，而不是其中一個人「陪」另一個人做。在這些時刻裡，我們有很多的交談和互動，而非只是「殺時間」。享用美食的時候，一起經營事業的我們自然會觀察餐廳裡的動線和工作狀況，甚至管理的風格和巧思，這些討論也算是「共同興趣」的延伸呢！

有摩擦時，不把對方當敵人！

當然，我們夫妻都在家工作，長時間在同一個空間相處，難免會產生摩擦。之前，我們幾乎沒看過對方在「工作模式」中的樣子，開始一起工作後，他才發現，原來我工作起來就是火力全開、全力衝刺，沒有甜言蜜語的空間；而我也才知道，他很難一心多用，只要認真在讀一封Email，周圍不論發生任何事情都無法反應。這些曾經都是我們吵架的「主題」。

但也因此，我們這一年多來建立起微妙的革命情感，更在一起工作中學到了「不把對方當敵人！」，就算衝突發生時很難避免這樣的情緒，但事實上，我們應該是支援彼此的戰友：如果沒有他提醒，我很可能一整天都忘了吃飯喝水；如果沒有我安排好「今日工作項目」，他專心做起一件事之後，常常就忘了其他件。

此外，尊重彼此的空間，也很重要。每個人需要的工作環境不同，有些人不喜歡工作時旁邊有人走動或說話，有些人卻能夠在三個孩子奔跑的同時還能做事。我與Jascha就是這樣的天南地北，事不如願時，我們會努力保護對方，盡情用自己方式工作和生活的權利。我會提醒孩子，爸爸忙時先別跟他講話；他則學著欣賞我把筆電拿到廚房一邊工作、一邊煮飯（有時還一邊陪孩子）的隨興作風。

我想，「不勉強對方用自己的方式過活」也是婚姻裡頭最大的一門功課。有段時間，我們時常發生摩擦，因為工作和育兒上各有不同的觀念與做法。但我們都很珍惜每天晚上的一個半小時，放下老闆與爸媽的角色，專心將今天歸零，好好做對方的伴侶和好友。如果當天仍有疙瘩沒溝通完畢，我們會先與對方好好講清楚「不舒服的點究竟在哪裡」以及「我希望下次發生同樣的狀況時，你可以這樣做嗎？」很多時候簡單說句「今天很抱歉，我很愛你。」便可化解大半的衝突了。

夫妻關係這個主題實在太廣，我們也絕非兩性專家，只是在這些年幾乎天天二十四小時的朝夕相處之中，發展出專屬於我們兩人的模式與心得。你們也可以找到自己的，最重要的是好好認識自己，好好溝通協調，最終還是要畫出一個屬於你們的「家庭行事曆」，並且堅持把「夫妻時間」放在裡面。我相信，這對家庭的正面氣氛一定有所幫助。

point

- 每個人放鬆的方式不同，了解自己，才不會浪費時間追求別人羨慕的生活，卻不是你所愛的。
- 我們不認為彼此花時間在獨自的娛樂上，是浪費時間或是破壞關係，我們喜歡對方感覺快樂。
- 別出謎語給另一半猜。讓對方有心理準備，並保留對方說「不」的權利，都是很重要的。
- 我們並非所有的嗜好興趣都相同，然而我們找出這幾項能夠一起做的，就「堅持」一起做。
- 當我們放鬆時，兩人都覺得愉快，而不是其中一個人在「陪」另一個人做。

16

學習之一：時間有限，如何幫腦袋充電？

——閱讀，獲取知識最直接的方式

我有嚴重的買書癖。準備從德國搬到西班牙的六個月前，我就開始處理書櫃裡的收藏了，大多移到好姐妹家裡，他們得來好幾次才搬得回去。這些書很多是我回台灣時，千辛萬苦搬回來的，也有付上兩三千元台幣運費，從台灣的網路書店直送德國的，真的是名副其實的「黃金屋」啊！其實我已經很「收斂」了。台灣家中整面牆都是我的藏書，每隔一段時間就得整理和捐出，否則新書就進不來了。

我很喜歡閱讀，過去逛書局總是買書不手軟，拿起書來隨意翻翻，只要有點興趣，我就帶回家，幸好台灣的房子是自己的，不需要經常搬遷，到了德國之後因為是租房，必須謹慎思考如何挑書。除了空間的限制，生活中被孩子占去多數時光，加上成立了新事業，閱讀時間隨之緊縮。不只不能瘋狂買書，更需要規劃怎樣在有限的時間裡把握機會餵養腦袋。畢竟，買了書，也要讀完才真的有用。

好書挑著讀

閱讀是獲取知識最直接的方式，也是我最喜歡的學習管道。翻開一本書，就像進入一個新的世界，透過作者的文字，從不同的角度觀察與思考。當然，閱讀並不總是嚴肅，更有很多樂趣。我喜歡看的書種類非常廣泛，有與產業或創業相關的，也有關於生活的，偶爾我也喜歡讀讀小說散文。更有趣的是適合大眾的心理學或社會學、歷史與未來學，在這些年都有許多好書，讓我愛不釋手。

我閱讀的書籍，主要分為三種：

- 提升自己的實用內容：例如企業管理、時間管理、創業故事、資訊新知等。
- 生活與關係相關書籍：例如親子教養、關係經營、四十後的生活、健康飲食與運動、居家收納、食譜等。
- 純興趣和娛樂的閱讀：小說散文、人物傳記、歷史或生物學新知等。

我特別喜歡讀「故事」，閱讀不同環境下的人們如何面對生命挑戰，這幫助我在面對生活中的挑戰時，暫時切斷自己的「直覺反應」，試著導入新的觀點和做法。前陣子影響我很大的一本書，是美國前第一夫人蜜雪兒．歐巴馬（Michelle Obama）的自傳《成為這樣的我》，我看到一個優秀傑出又一路擁有自己天地的女人，如何在她自己與丈夫的夢想之間糾結並最後做出抉擇，特別是在歐巴馬競選時，她努力支持卻總是被對手和媒體抹黑扭曲，在書中她描述了自己的痛苦，但我相信她的真實感受，肯定比文字更痛徹心扉。

身為一個女性創業者，我並不後悔扛起家庭責任，然而有時還是會有「為何身為女人」的疑問。從蜜雪兒的書中，我看見她如何從「支持丈夫」的好妻子，漸漸找到每件事對「自己」的獨特意義，這幫助我用全新的觀點來看自己在家庭中的角色。

沒錯！在那段支持Jascha完成學業的日子裡，我既賺錢養全家，又操持家務、照顧孩子，但是這個決定不是「為了」Jascha，這件事對我「個人」也極有意義。我學習在自己的「付出」中感受到這事對我的價值；我目前正在學習與建立的一切，都不是為了他人而做，而是讓我離自己的夢想更加靠近。

閱讀給了我新的角度，來重新看待原本生活中已經習慣的方式。然而，書海無涯，還有更多我尚未涉獵的閱讀範圍，時間有限，我們只能盡力而為。有時我也會先偷偷看一些書評或試閱書摘，來決定是否購入，最重要的是讀起來能否興致盎然，至於「是不是暢銷書」則不是我的評估要件。因為我發現，有些書籍或作者非常有名，但我怎麼樣就是讀不下去；而有些作者看起來名不見經傳，但他的書卻會讓我願意留在架上很久很久，仍時不時拿起來回味。例如，我在十多年前就讀了《小，是我故意的》多次，非常喜歡也推薦給很多朋友，這本書甚至影響了我整個創業的路徑，但當時（二〇〇七年）在台灣並不是很多人知道，直到十週年版發行（二〇一七年）才紅起來。所以不要太迷信暢銷書，根據你當下的閱讀興趣決定吧！

我有一群同時期創業的好友，會彼此分享最近在看的書。我會很認真參考他們的書單，甚至毫不猶豫直接購入。因為我們的生命歷程很接近，有共鳴的內容也相近，他們推薦的書通常不會讓我失望。下次見面時，還有共同的話題可以討論。

即使仍舊熱愛閱讀，並持續這個習慣，我還是發現，自己現在的閱讀量不比從前，倒不是因為年紀大腦部退化，而是生活的責任和角色愈來愈多，自然會壓縮自己的興趣和嗜好。然而就如宋朝學者黃庭堅說的：「士大夫三日不讀書，則義理不交於胸中，對鏡覺面目可憎，向人亦言語無味。」我每日的「輸出」（Output）量如此龐大，更需要足夠的「輸入」（Input），讓腦袋不至於空轉。因此這些年，我漸漸研發出幾個在稀缺的時間資源內維持閱讀的祕訣，與忙碌的各位分享。

祕訣一　創造閱讀的環境

就如《原子習慣》書中說的，要養成一個好習慣，靠的不是強大的意志力，而是創造一個讓你輕鬆就能執行這個好習慣的「環境」。如果我想要多讀一點書，就要讓自己隨時都有一本書能拿起來讀，否則想讀時還得挪動雙腳走到另一個房間找書，很可能就不了了之！

在我們德國的家裡，我會在時常待著的角落，各放一本「正在讀」的書。客廳、書桌、餐桌、臥房，甚至廁所，都有我看了一半的書。當然，外出的包包裡也有一本。這樣雖然無法很專注的把一本書從第一頁到最後一頁一口氣看完，但至少我在五分鐘或十分鐘的空檔中，多少可以讀個幾頁。

我最主要閱讀的書會放在外出的包包裡，因為通常搭車或等孩子時，是我最完整且不被打擾的時間。

如果讀完一本書平均得花八個小時（這是我的電子閱讀器分析出來的），將每個等待的二十分鐘、半小時加起來，就能在兩到三週內看完一本書。而在臥房或廁所，我通常放幾本不會太「燒腦」的書，例如居家收納、旅遊等等，讓腦袋也跟著享受片刻的Happy Time，不僅愉快也很放鬆。

祕訣二　安排閱讀的時間

剛才提到，我會趁通勤或等待的時間來閱讀。這些時段通常是白天，腦袋比較清楚，適合讀內容比較硬或與工作有關的書。在德國，我最常利用接兒子放學前的一個小時，在幼兒園旁的咖啡廳好好享受安靜的閱讀時光。在德國看醫生多半要等上一兩個小時，如果沒有帶著小孩，我也會在候診時閱讀隨身帶著的書，這樣便不覺得久候難耐，也時常就這樣一口氣讀完幾百頁呢！

我聽過一句很有道理的話：「沒有人能夠浪費你的時間，能浪費你時間的，只有你自己。」這原則特別適用在閱讀上。我與朋友或客戶相約，也一定會隨身帶著一本書，若是對方遲到了我就有事情可以做，所以我不太介意朋友「習慣性遲到」，因為這樣我就可以趁機多讀一點書啦！

煮飯時間也可以好好利用。在廚房裡總是會有一些事得等，例如等水煮開或者蒸煮。我現在改用全功能的調理機器，不需要隨時盯著火，更讓我多了一些時間可以聽聽音頻、看看MasterClass線上課程影片，或者閱讀。雖然仍是斷斷續續，但我利用這些碎片時間，也獲得了很完整的知識內容。若投資一些新的家電，能為自己多爭取一點時間，也是挺值得的。

祕訣三　選擇閱讀的媒介

在過去一年多內，我比之前的幾年多讀了好幾本書，就是因為改變了我閱讀的媒介。我現在多半閱讀電子書，一開始使用手機，現在購買了 e-Reader 電子閱讀器，一步步進化到真的可以隨時閱讀了！

以前以紙本書為主的時候，除了非常占空間，對我們旅居海外或租屋族來說很不方便之外，重量也是個問題。近期所出的幾本好書，像是哈拉瑞的《人類三部曲》，篇幅非常龐大，現在使用電子閱讀器，重量不到一公斤，真正能夠隨時帶著走。我特別喜歡帶著閱讀器旅行，不需要擔心在飛機上光線太暗沒辦法閱讀，出遠門時不需為好幾本書空出行李箱，看完了手邊的書，只要上網點一點馬上就有新書可以讀，好處實在太多了！

關於電子閱讀器，在本書〈善用科技！為自己充電，可以很輕鬆〉（請見頁224）提到了更多細節，歡迎參考。

• 勤做筆記

讀了這麼多書，如果都沒在腦子裡留下來，或應用到生活中，也是一種時間的浪費。我的習慣是在閱讀與工作和學習相關的書籍時，一定會做紙本筆記，讓自己增強印象。在一項研究中指出，現代人時常使用Google搜尋資訊，或網路閱讀，但經常看過就忘，連自己曾讀過這段文字都不記得。對我來說正是如此。

我之前不喜歡用電腦閱讀的原因，就是因為閱讀紙本的時候。可以在書上做筆記，也方便前後對照，比較記得住這些內容是在哪一本書中看到的。現在使用電子書，更需要隨時用紙筆記錄下我的心得重點。

我並不介意筆記是寫在一張紙上，還是記在筆記本中。對我來說只要閱讀完這本書時，有一份清楚的重點紀錄就很有價值。而這份筆記並不是「重點摘要」，因為我不是要寫讀書報告，我只會寫下特別觸動我的重點，就算一本書裡只有一個，也是收穫。當然，如果喜歡使用電腦做筆記，也有許多非常推薦的App。例如Evernote、OneNote都挺好上手，可以都用看看，再依照個人喜好決定。

● 寫下行動

在我的筆記上，還會記錄著從這些重點延伸出去，我想要試試看的「行動」。閱讀只是一種「預備」，將我們的腦子重新編程，而之後能否有更進一步的產出，則需要靠實際的執行與試誤。如果一直都只有預備而沒有行動，再好的知識也只是空談。

假如我是一個讀者，讀到這篇文章中的「祕訣二：安排閱讀的時間」時，我寫下的重點可能是：「沒有人能浪費你的時間，隨時要有書在手邊」，而行動則是「把一本書放到平常外出的包包裡」。如果閱讀任何一本書都能有像這樣的小改變，即使一整年中的讀書量很有限，也能有所成長。

在時間很緊的情況下，還有一個敦促自己閱讀的方式，就是加入「線上讀書會」。現在有非常多不同形式和內容的線上讀書會，如果都不符合你的需求，也可以自己組織一個。就如同培養任何習慣一樣，有一起執行的夥伴（或教練）能夠幫助自己不偷懶，朝著目標前進。

我有一位好友就發起了讀書會，從實體活動轉到線上，創辦了一個臉書的私密社團，固定每個月閱讀幾本書，團員們彼此討論心得與行動。解決了大家很難排出聚會時間的難題，讓所有人都能在自己方便的時間參與。有些人可以投入的時間多，自然就多一些討論；有些人最近特別忙而無法閱讀，也不會感覺到有太大的壓力。

無論多忙碌，抽出一些時間，讓腦袋吸收一些其他人的想法與經驗，絕對是好的。有時，閱讀不只是學習某種技能，或只為了追求成功，更是一種謙卑的過程。重新當個學生，從另一個角度來看世界，感覺內心更滿足。

point

- 如果你想要多讀一點書，就要讓自己隨時都能拿起一本書來讀。
- 「沒有人能夠浪費你的時間，能浪費你時間的，只有你自己。」這原則特別適用在閱讀上。
- 改變閱讀媒介，説不定可以和我一樣，一年多讀好幾本書。
- 讀了這麼多書，如果都沒在腦子裡留下來，或應用到生活中，也是一種時間的浪費。
- 閱讀只是一種「預備」，如果一直都只有預備而沒有行動，再好的知識也只是空談。

17

學習之二：多會一種語言，世界更開闊

——從被動學習到主動練習

學習語言，是我們一家人的共同興趣。或許是因為原本就是個多元文化的家庭組合，來自台灣的我與德籍的 Jascha 有各自的母語，加上彼此之間說英語，現在住在西班牙，因此四種語言在我們的生活中總是交替使用，持續學習著。

我的求學歷程都在台灣的教育系統當中，並沒有出國留學的經驗，不過因為從小對英語特別有興趣，所以中學時代額外自修英語。然而在生活中，除了研讀大學和研究所的原文課本之外，並沒有太多使用英語的機會。當婚禮顧問和主持的那幾年，辦過幾場雙語婚禮，簡單的英語能力還算堪用，但真正到了和創業夥伴到美國去參與國際會議時，才發現自己的英語能力實在不足。

生活中的閒聊，與商業上的正式用語完全不一樣。我們在學校裡學的，基本上可以應付點餐和交朋友，但如果要談到合約、想聽得懂整場英語演講，甚至用英語做簡單的演講，都需要特別進修和練習。我曾經硬著頭皮做了半小時關於 Social Marketing 的英語演講，深切體會到就算是演講老手，換一個語言就等於是換了一個領域，絕對需要加強專業的語言能力。

即使如此，要在忙碌的創業和育兒工作之外，再額外撥出時間來進修英語，實在需要一點動力。我的時間無法配合一般語言班上課的時段（多為晚間，但通常我是白天比較有空），而且也時常因為要出差或旅遊而無法上課，Jascha 搬到台灣後，我有了學習的伴，馬上報名了一對二的家教班，一起加強英語能力，我們兩人的語言共學之旅就此展開。

共學語言樂趣多

「伴侶共學」就如「親子共學」一樣，都會發掘出兩人關係裡鮮少被碰觸的敏感地帶。例如，我的英語閱讀和書寫，經過台灣高中與聯考的磨練，程度比 Jascha 好一些，而聽力與口說能力則因為英語和德語同屬印歐語系，他的障礙就比我小。有時候難免會因為自己比對方弱，而有不舒服的感覺，或是把對方當成敵手呢！

不過有趣的部分更多，我們因為共同學習而多了許多話題，上起課來由於彼此很熟悉，也特別有滋有味。現在我們一起學習西班牙文，也有類似的狀況，我的文法和閱讀能力較強，而 Jascha 則是日常溝通無礙。我們便時常互補，需要口說的時候交給他，需要閱讀和撰寫信件的時候則由我出馬。兩個孩子則是中、西、英、德四種語言都能順暢溝通（甚至五歲兒子的德語和西語，還比女兒好呢），真的很讓必須花時間學習的爸媽嫉妒啊。

我們能上課的時間很有限，都是利用工作和家庭的空檔。Jascha 的性格喜歡一次到位、快速達標，但這樣的期望對於有工作的父母來說真的很不容易。我們之前一起嘗試過一週五個上午的密集西語班，一期之後，我就求饒了！在這種高強度的學習中，我們還得完成工作、接送、家務，每天筋疲力竭。如果是「必要」，當然得咬牙撐過，但我們是因為自己的期望和要求，其實不需要把自己逼得這麼緊。調整過幾次上課時間和頻率，最後覺得每週少則一次，多則三次，每次兩小時最適合我們。

我們當然都希望能夠如《超速學習》的作者史考特·楊（Scott H. Young）一樣，一年內學會中、韓、葡、西四種語言，可惜我們做不到，但如果能花兩到三年的時間，習得一種新的語言，或者把原本就會的語言學得更精進，也是很棒的事。因為喜歡韓星而學韓文，因為喜歡日本文化而學習日文，都讓我們能更貼近自己喜歡的人事物。我母親就因為喜歡到日本旅行而學習日語，上課加上自己的興趣與追劇，竟也考過了日文檢定。

語言重在環境

史考特・楊之所以能夠在一年內快速學習四種語言，是因為他花一整年的時間旅居西班牙（他在我們現在居住的瓦倫西亞待了三個月）、巴西、中國與韓國四個國家，而且他規定自己完全不許說英語。對爸媽來說，這基本上是不可能的任務。但，我們能從他的經驗中學到一些有用的方法。

他厲行「完全不說英語」這件事，讓我印象深刻。就算是搬到了一個新的國家，還是有很強大的誘因，讓我們選擇用原本就會的語言溝通，比如我在德國與西班牙，光靠英語基本上都能暢行無阻，如果我不強迫自己使用正在學習的語言，光是搬到異國是沒有用的。我在歐洲認識很多已經客居多年，仍不會當地語言的朋友，有些人可能好奇這樣如何「融入」當地社會，但對他們來說，在自己的舒適圈過得開開心心，也沒什麼不好。

我並不認為學習語言要用「面子」或「社會壓力」來逼迫自己，單純用「如果我想學好這個技能，該怎麼進行？」的心態，會更健康。正如史考特・楊的觀念：「被動學習帶來知識，主動練習則帶來技能」，光是「研究」永遠不會讓我們將一個語言學得輪轉，而是需要真正的「行動」才能帶來改變。以下分享我們家學習語言的祕訣。

祕訣一　交朋友，製造「聽」和「說」的機會

這點，從 Jascha 與我的英語能力突飛猛進就能證明。在我們倆交往之前，英語只是我們在學校學習的科目之一而已，生活少有用到的機會，因此，學到某個程度就無法再前進了。

我可以讀懂英語撰寫的文章，但無法不看字幕就聽懂電影和影集的劇情；他可以與人攀談，但真正要闡述自己的想法時就會卡關，所以總被認為個性沉默。

直到我們交往後，彼此天天用英語聊好幾個小時也不嫌煩，幾個月下來，我突然發現自己不那麼倚賴字幕了。後來又一起上了英語家教課，到離開台灣時，我們的英語程度已經足以與母語者進行流暢和有深度的對話，也能順利撰寫英文的商業信件了。

搬到德國之後，由於多數的外國電影都會改成德語配音，我的德文程度當然不可能看懂，因此看電影時只能挑選英語電影（沒有任何字幕），一年後，英語就成為我們家的第二語言了（第一語言是四個人都能說得流利的中文）！所以，如果要學好語言，「交朋友」（或男女朋友）是很不錯的方法。

Jascha住在台灣時，不但與我一起加強英語，同時也學中文。

當時兒子還未出生，所以他的時間非常充裕，週一到週五的白天都在師大語言中心上四個小時的中文課。師大教學方式非常嚴謹，中文的聽、說、讀、寫訓練都很嚴格。每天除了上課之外，其他的時間他也堅持說中文，不論是點餐購物，還是和家人朋友交談，所以在短短八個月之內，他便建立起很堅實的基礎（大約到B1程度），回到德國後也沒有中斷學習。升格人父後，雖然沒有多的時間去上課，但由於之前建立的基礎，不但維持一定的程度，而且還能繼續前進。

從我們的經驗看起來，學語言時一開始的密集接觸是非常重要的。我們靠著「情侶交往」提高學習語言的動力，為自己創造一個「只能說新語言」的環境。雖然無法如史考特・楊一樣一整天只說新語言，至少能在彼此對話時大量練習。

祕訣二　善用科技，學習更便利

雖然能上課的時間有限，幸好科技日新月異，有一些新的方式能幫助我們學習。

1 — Online Class 線上課程

現在許多語言中心都有線上課程，新冠病毒疫情之後，更是成為每個語言教學者必須提供的教學方式。我們在西班牙一開始進入封鎖期時，就與西班牙文老師進行了四次的線上教學，而Jascha現在也在網路上繼續進修師大的中文課。

但要注意，線上語言課程建議一對一或一對二，學生人數不要過多。實體教室的教學大約十到十二人都沒問題，但是網路教學，人數一多，課程就容易失焦，老師也無法關注到每一位學生的狀況，較不建議選擇多人的課程。雖然我和Jascha還是比較喜歡面對面的交流，但網路課程有下列好處：

- 能找到更好的師資：以繁體中文為例，想在我們居住的城市找到合適的老師並不容易。但透過網路，就可以由台灣老師教學，非常方便。
- 時間容易配合：線上課程沒有交通問題，要調整時間表也比較方便，對於我們這種身兼數職的父母來說，是很好的選擇。

我有一位好友也是創業者，他就利用Skype向遠在美國的老師學習英語，偶爾臨時無法上課時，便利用時區差異，在台灣時間的晚上十一點跟老師「補課」，即使出差也不需要請假，不會因為缺課幾次，就乾脆放棄了學習。

- 不需要出門，多了與家人共處的時間：這是最重要的優點。Jascha在漢堡學中文時，教室離家比較遠，總得下了班後趕過去，下了課後再風塵僕僕趕回家，每次回家孩子都已經睡了（這也是為什麼後來我請他改到週末上課的原因）。而現在因為線上學習省下通勤的時間，多了與家人相處的時間。

2—電腦軟體

Jascha和我很喜歡使用Duolingo這種以英語學習其他語言的軟體，我學德語和西語都常用到它，英語能力不夠好的話可能會覺得有點辛苦。其他還有很多線上語言學習的App可以參考，例如用影片來學英語的Voice Tube，就有中文字幕可以選擇，主題包羅萬象，非常有趣。

3—多看電影與影集

我們夫妻每天晚上都會一起追劇，大部分都看說英語的美劇或英劇，自從搬到西班牙之後，也開始追西語影集，除了是練聽力的好方法之外，也是了解當地文化很重要的媒介，更不用說，可以和當地人多一個共同話題。

電影和影集，絕對是讓人提高語言學習興趣的好方法，不過，兼顧「娛樂」效果才有趣。例如，我們不會為了學習西語，就強迫自己只能看沒有英語字幕的西語影集，畢竟完全不知道在演什麼，又有什麼樂趣讓人堅持下去呢？我們會先看一次有英語字幕的版本，再看一次沒有字幕的版本。

我發現，我家兒子也有一樣的習慣，他看喜歡的卡通時，會先用德語看，看到劇情滾瓜爛熟之後，就切換成西語、英語，甚至中文發音，這樣就能把不同語言的字彙和表達方式都連結起來呢！

4—語言交換

因為居住異國，我們身邊總有可以練習語言的家人或朋友，如果你生活中真的沒有機會使用外語，找個「語言交換」試試吧！和選擇課程一樣，語言交換可以實際見面，也可以透過網路。透過HelloTalk之類的語言交換交友軟體，就可以輕鬆找到對談的對象。

我常鼓勵年輕人：「如果還沒找到志向或學習的方向，那就先學個語言吧！」先將英語能力提升到查找資料沒有障礙的程度，對學習所有領域都很有幫助。跨出了「母語」的範圍，真的會讓人感覺到學海無涯啊！

在學習語言的過程中，我們不只是習得一項技能，也不是在「能力清單」上打個勾勾就好，而是透過語言，拿到了解某個文化的鑰匙，也更容易交到朋友，讓自己不會因「語言不通」而阻礙了對一片土地或一群人的了解。或許我們無法在三個月內學會一個新語言，但我們可以踏出舒適圈，走入一個更大的世界。

point

- 被動學習能帶來知識，主動練習則帶來技能。
- 「交朋友」讓學習語言變得簡單，為自己創造一個「只能説新語言」的環境。
- 「伴侶共學」會發掘出兩人關係裡鮮少被碰觸的敏感地帶，不過有趣的部分更多，上課起來特別有滋有味。
- 忙碌爸媽能上課的時間很有限，可以善用科技的便利性。
- 提升語言能力，對學習所有領域都很有幫助，跨出母語的範圍，絕對能讓你感覺到學海無涯。

18

學習之三：善用科技！無所不學、無處不學

——為自己充電，可以很輕鬆

過去我們對「學習」的定義，可能是坐在教室裡聽老師講課、抄筆記寫作業，還要考試交報告，所以一聽到「學習成長」，總覺得是一件要投注很多時間精力的苦差事。事實上，學習可以發生在隨時隨地、時時刻刻。

就如我六年前來到歐洲時，完全不會做飯，但是德國不比台灣方便，想吃到家鄉味，還真不是件容易的事。那時我真的很懊悔，以前怎麼不好好學做台灣料理呢？這麼想吃，該怎麼辦？只好從頭開始「自學」。這堂課從「不用電鍋煮白米飯」開始。我學著分辨蔥和蒜（當然曾買錯好幾次），知道了醬油分成很多種，也揣摩著不同食

材適合煮食的方式。我練習用刀，學著買鍋子，徹底從一個只會煮冷凍水餃和泡麵的嬌嬌女，變身成為家中大廚。在老公半工半讀那兩年，我完全「掌控」了廚房，連媽媽和妹妹都不相信我竟能「轉型成功」。

這當中最接近「上課」的經驗，就是一位曾經開台灣菜餐廳的好友，特別從柏林來漢堡教我們一家做紅油抄手，因為老公念念不忘這道美味，在德國卻完全吃不到。另一次，就是要搬到西班牙之前，廚藝精湛的好姐妹到我們家，再教我一次怎麼包餃子——這個我們完全離不開的基本國民美食。到了西班牙，友情支援變少了，我便上網看了很多厲害的 YouTube 影片，重播再重播，依樣畫葫蘆做出了不少讓全家驚豔的美食。現在，雖然還離「大師」程度很遠，但包子、刈包之類的菜單，已經出現在我家餐桌許多次了，自己都感覺十分驕傲啊！

為自己而學

出了校園，學習就不再是老師父母規定的進度和行程，而成了必須自己啟動與完成的事。而網路時代的學習，更是已經從「教學主導」轉變成為「學習主導」了。最近因為新冠肺炎疫情嚴重，西班牙全境封鎖，女兒盡情享受了幾週放空時間之後，便開始上網搜尋健身與瑜伽教學的影片，每天跟著YouTuber運動，她也用線上軟體來學鋼琴、找食譜來做菜，充實得很呢！

生在網路世代實在幸運，我們對任何事物感興趣，都能在浩瀚的網路世界裡，運用科技，用最適合自己的步調、管道、方式來學習。甚至，在任何地方都能發生。

有一次，我到馬爾地夫渡假，很驚訝的發現在杳無人煙的小島上，竟然也有無線網路。我興奮的告訴先生：「太好啦，我們可以搬到這裡來！」沒錯，科技與網路不但讓工作與休閒變得更簡單、更便利了，它們能做到的，其實還有更多。例如，前面章節曾提過的「記錄自己每日的行事曆」（請見頁35），除了紙筆，更方便的就是使用手機應用程式。「番茄鐘工作法」也有非常多電腦與手機上的軟體與應用程式，可以搭配使用。就算你想要利用碎片時間在家做運動，甚至記錄與提醒自己每天喝水的量，都有方便的新科技，能讓這一切更容易。

接著就來聊，如何運用網路與科技輕鬆學習。以下分享我的祕訣。

祕訣一　閱讀電子書，速度快一倍

你上一次看完整本書，是多久以前的事了呢？曾幾何時，「讀完一本書」對現代

人來說，變成一個艱難的目標。

班傑明．富蘭克林（Benjamin Franklin）是美國的政治家、科學家，也是成功的企業家，他管理時間的精準與要求為人稱道，而他不管事情再多，每天都會留下一個小時閱讀。微軟公司創辦人比爾．蓋茲，也熱愛閱讀，每年至少讀完五十本書，年底還會分享他的精選書單。算起來，大約一週讀完一本書。

一週讀完一本書，這對於家有小小孩的媽媽，聽起來就像是天方夜譚。我連拿起書的時間都沒有，怎麼會有時間讀完一本書呢？我很喜歡買紙本書，但消化的速度趕不上購買的速度，雖然遠在歐洲，我家的中文書已經放滿一整個書櫃還並排「停車」。沒想到，電子書解決了這個問題。

因為喜歡紙本書的觸感，包包裡頭或家中角落總是有書的我，一直都很抗拒電子書。直到有一回，我旅行時忘了將書放進行李箱，突然想到一時好奇開啟的電子書帳號中，下載了幾本一直想讀的好書，這才開始了我的電子書初體驗。

沒想到，這次經驗完全改變了我的觀感。由於我們已經十分習慣使用手機閱讀文章，因此用手機或平板滑著閱讀，根本一點障礙也沒有。我甚至可以收藏喜歡的段落，立即在社群媒體上分享。

根據我自己的閱讀經驗，某些書籍，閱讀電子書的時間，只需要閱讀紙本書的一半！就算不是速讀達人，平均也只要兩三小時的時間，就能讀完一本電子書。那次旅行，我利用三天之中的碎片時間閱讀，竟然讀完了四本書！

以前想讀一本書，需要上書店或網路購買，在時間上總是有落差；但是電子書卻可以隨時隨地上網下單，立刻閱讀，有效節省時間，而且不需要擔心大費周章買了書後卻不喜歡要怎麼處理，按下刪除鍵就好啦！我們跨國搬家過兩次，很有可能幾年後又會有第三次，電子書解決了我處理書櫃的頭疼。對於時常旅行和搬遷的數位游牧人，非常省事。

現在，我仍舊在家中四處放紙本書，某些值得收藏的書籍，我也很任性的不管國際運費或重量，一定要搬回歐洲。但是工作上的實用書籍，我已全面性改讀電子版本，也很方便我與事業夥伴們分享。額外的收穫是戒除了等車搭車時無意識滑手機的習慣，同樣的時間，我能夠無障礙的轉換成閱讀電子書。

最近我更是入手了電子書閱讀器，讓閱讀變得更舒適容易。畢竟長時間看手機或電腦很傷眼力，而且時常會被各種通知訊息打斷閱讀，因此我開始研究各家的電子書產品與平台。由於我所閱讀書籍的語言橫跨繁體中文、英文、德文，現在又加入西班牙文，因此跨語言與國界的平台對我非常重要，評估之後決定使用 Kobo 平台買書。以繁體中文為主的朋友，則可以考慮 Readmoo 讀墨，他們是本土專精繁中書籍的平台；如果是以英語閱讀為主，Kindle則會是不錯的選擇。決定了購書平台，也就可以選擇相對應的閱讀器。

電子閱讀器的第一個好處就是「護眼」，這對於長時間使用螢幕的人來說非常重要，讀再久也不會疲倦。另一個深得我心的優點，就是可以調整排版與字體。我有高度近視和散光，可將字體調大的功能，對我來說非常重要。有些閱讀器甚至還能夠調整行距和字型呢！

其他關於有效率閱讀書籍和做重點整理的祕訣，在另一個章節（請見頁200）有更深入的分享。建議大家不妨先上各家平台申請帳號，試著瀏覽看看，或者向身邊已經購買電子書閱讀器的朋友借來試用一下，如果和我一樣喜愛閱讀，也一定會對這樣的閱讀方式感到驚喜！

祕訣二　用聽的，更省時間

學習不只有「閱讀」這一種方式而已。有些書籍或文章，某些平台提供了「有聲書」，用聽的，也能聽完一本書。我時常一邊煮飯做家事，一邊「聽書」。有時候用聽的比用讀的更能吸收呢！就算是沒有以有聲形式出版的書籍或文章，我們也可以使用智慧型手機的「螢幕朗讀」功能，讓人工智慧「唸」給你聽。是不是很方便呢？

而「說書」也是另一種吸收知識的方式。現在有很多平台，如優質的「1號課堂」，提供了「說書」的服務。由善於整理書中重點的說書人，將一本扎實的好書分析講解給你聽，有些時候還會因為這些闡述，以及說書人的個人經驗，而讓我們有更深一層的思考與收穫。

除了說書之外，也有琳琅滿目的音頻課程和Podcast，讓人「用聽的」學習各種知識。台灣的平台就有1號課堂、Comma、Yotta、PressPlay……等，可以根據自己有興趣的內容類型和最容易上手的使用方式，選擇平台試用。

我最喜歡的就是一邊做菜或晾衣服，一邊聽音頻課程或有聲書。因為這些動作不太需要動腦，正好可以空出腦袋聽進去更多重點。過去在台灣開車或搭捷運通勤時，我也時常一邊聽課程，利用碎片時間，聽聽他人的故事和觀點，累積起來也能學到很多新知。

我有一位非常忙碌的好友，她除了事業成功之外，還堅持每天親自為家人準備早餐。她早上五點多起床，一個人在廚房裡忙著煮咖啡時，一邊聽著手機上的音頻課程，早餐準備好了，腦子也裝滿了！我常在台灣時間的清晨，在社群媒體上看到她分享今日從音頻所學習到的心得，實在令人佩服。

祕訣三　線上影音學習頻道，隨時開課

現在網路上有很多影音學習頻道，我也很喜歡。我特別欣賞MasterClass的設計，讓我們在世界各地都能夠向各行各業的高手學習他們的專業。例如女兒十四歲生日時，我送了她美國職籃明星Stephen Curry的籃球課程，我自己也在這個平台學習烹飪與寫作，他們甚至也有創業的課程，包羅萬象，非常有趣。MasterClass目前是以影片為主、音頻為輔，也就是說每堂課可以用看的，也可以用聽的。

有些課程，比較難以音頻來描述，例如烹飪和手作，比較適合先看過一遍之後，搭配實際操作再播放一次（或好幾次），學習效果比較好。我很喜歡線上課程的「重播」功能，我可以隨時移動到任何段落，重新看好幾次，這是實體上課無法做到的。更不用說，還可以自己控制進度、上課時間和長短。這對忙碌的職場爸媽來說，是非常重要的優勢。

而且線上課程有個很強大的功效，就是「任何年齡都能學習」，我在學習烹飪的時候，兒子跟著在旁邊看，我們一起看了幾次之後，他也會做了！過去的學習方式總是需要閱讀或聽的能力，但影片教學就算是五歲的孩子，只要內容不是太艱深，且拍攝得夠詳細清楚，他們都能夠抓取到一些重點。最近女兒正在練習瑜伽與墊上健身，

小兒子也喜歡在旁邊跟著做，他們程度當然差很多，但共同學習樂趣十足！

所以，影片特別適合設計成「全家學習計畫」，每個年齡層的孩子可以抓到不同的重點，全家一起完成一件事，特別有趣。烘焙、運動、手作，都是很適合的主題。這部分在「全家學習計畫」的章節（請見頁246）中，會更深入討論。

祕訣四　整個網路都是你的學校

國際知名的大學與研究所，例如史丹佛、哈佛、劍橋、香港中文大學，還有台灣的台大，都提供了網路上的課程／學程，有些甚至還能拿學分與正式學位呢！

我們雖然無緣擠進這些名校當正式學生，但能夠透過網路向這些學校的優秀教授們學習。二〇二〇年受到新冠肺炎疫情影響，全球有幾億學生必須在家學習，這些教學機構更是大手筆升級線上教學設備。相信「線上拿學位」絕對是未來的趨勢。

而電腦技能類的證照，更是現在最夯的線上學習內容。我身邊就有朋友利用下班後每週兩個晚上的線上學習，用他自己的速度，在一年內學會了電腦遊戲設計，現在從金融業職涯大轉彎，到他最愛的遊戲公司工作。

我自己的婚禮顧問公司也搭上線上學習的列車。過去學員需要從各地到台北來上課，現在透過網路，就能夠輕鬆在家裡學習如何當個婚禮人。而這本書的前身——1號課堂的音頻課程《職場爸媽不瞎忙》也跟聽眾分享，如何以碎片時間的線上學習，來取代過去繁重的現場課程講座。

我有個熱愛瑜伽的朋友，透過「線上瑜伽教室」向印度的瑜伽老師學習；喜愛繪畫，也有線上繪畫課程。更別說語言了！現在要學任何語言，都能在網路上找到老師，甚至還有許多專業的語言機構，就是特別強調線上教學，我與Jascha就用這樣的方式上了好幾堂西班牙文課，我也透過網路教過中文課程。而線上語言老師也是一個新興的遠距工作職缺。不少在世界旅行的Digital Nomad（數位游牧民族），謀生的方式就是線上教授語言課程，只要有網路，有一技之長，不只是學習，還能夠將這樣的需求變成商機，成為另一份事業呢！

祕訣五　Webinar線上研討會與讀書會

這些年有一種新興的學習活動，就是在線上參與研討會。特別由於新冠病毒的影響，現在有許多單位在固定時間會在社群媒體或影音通訊平台上，進行主題的分享。光這兩個月，我已經收到五個單位的邀約，分享「在家創業／在家工作」的經驗，參加人數大大超越過去在實體研討會所能容納的人數，每場都有幾百人甚至上千人的規模，Zoom 目前的研討會功能可以讓五百人一起線上聽講，而 Crowdcast 的國際會議功能，甚至能接受千人以上的參與者。我有幸使用過一次，那種在自家客廳連線，就能面對八九百人說話的心理震撼可真不小！

除了 Zoom 和 Crowdcast，Google 和 Microsoft 也都在最近決定全力開發和大舉免費開放自家的線上會議軟體 Google Meet 與 Microsoft Teams，以搭上「後疫情時代」的遠距工作浪潮。其中 Crowdcast 除了會議功能之外，也是個社群工具，在這個平台可以查詢到不同單位利用 Crowdcast 所舉辦的各式研討會，只要是開放參加的，都可以從世界各地報名，這真是太酷了！

有些人覺得獨自閱讀學習太孤單，就像健身需要有伴會更有勁，現在也有「線上讀書會」的網路社群，每個月共同閱讀一本書，彼此分享心得、交流想法，比一個人閱讀來得更有動力與刺激，也是一種不錯的方式。

現在真是最適合學習的時代，只要有心學習，不怕沒有資源，只怕我們不懂得怎麼運用，而把上網當作一種無意識的休閒活動。無論是喜歡十分鐘聽一段有聲書或音頻，或是喜歡看影片學習，甚至是希望有老師線上教學、有同學彼此討論，現在透過新科技，都能夠讓我們時時、刻刻、處處都能學習！

你是不是也躍躍欲試了呢？查查看有興趣的領域有哪些精采的線上課程或書籍吧！

point

- 出了校園，學習就不再是父母老師制訂的進度和行程，而成了必須自己啟動與完成的事。
- 電子書可以隨時隨地上網下單，立刻閱讀，有效節省時間。
- 學習不只有「閱讀」這一種方式而已。有時候用聽的比用讀的更能吸收呢！
- 影片特別適合設計成「全家學習計畫」，每個年齡層的孩子可以抓到不同的重點，全家一起來完成一件事，也是很有趣的。
- 各種線上課程、讀書會，讓學習無遠弗屆。只要有心學習，不怕沒有資源。

19

學習之四：圓一個進修的夢

——啦啦隊和選手一樣重要

上班族爸媽確實忙碌，然而想再進修學位，卻不是完全不可能的事。雖然很少有人想把生活塞得這麼滿，但有時計劃趕不上變化，臨時出現的機會或現實生活的需要，都可能讓我們做出有點瘋狂的決定。我的另一半 Jascha 就過了兩年這樣的日子。

他原是德國機械工程的技職訓練出身，十六歲便開始半工半讀，幾年後，他感覺那不是自己喜歡的領域和想要的生活方式，因此到大學念書。不過在那之間我們偶然相識，他也衝動的決定暫停學業搬到台灣。Jascha 非常喜歡台灣的民風與生活方式，然而在他心裡，仍舊有一個強大的聲音督促他完成未竟的學業。對此我是非常支持的。經過許多溝通和調整，我們決定暫別台灣，搬到德國漢堡展開新生活。

沒想到，幾個月之後我懷孕了！對我們來說的確是很大的震撼。當時我遠距遙控台灣事業，收入對我們兩人生活很足夠，但想到一年後女兒就要來與我們團聚，兒子也將出生，勢必要搬到更大的房子而有更多的支出，因此原是專職大學生的 Jascha 興起了半工半讀的想法。

曾經走過孩子初生階段的我，知道孩子來到這世界的第一年每天都會有非常大的變化，會經歷許多重要的里程碑，對他們未來也很關鍵。父母若為了增加收入而錯失這一切，是很可惜的事。我們認真討論之後，決定兒子出生的第一年，Jascha 維持單純學生身分；從兒子一歲半起他開始半工半讀，順利進入漢堡商業銀行和之後的漢莎航空工作。很喜歡中文而且希望有天再回台灣生活的他，甚至決定維持原本每週一次的中文課。

那兩年多對我們來說，在「時間」上真的是非常吃緊。最後半年，Jascha 還必須完成分量十足的畢業論文呢！終究他熬了過來，順利拿到學位，而我也努力撐住，支持他完成重要任務。與此同時，我們維持著正常的家庭作息，他也沒在孩子的成長中缺席。回想起來，的確是非常瘋狂的決定，然而也讓我們的關係更緊密、抗壓性更強。

在這段日子裡，我們各自有過幾乎要撐不下去的時刻。Jascha 是目標性很強大的人，他想要做到的事情，就算再辛苦他都會硬著頭皮去做，但他也發現沒有我的支援，他無法順利完成目標。所以他得說出需求，並且坦然接受我的幫助；而我，得接受自己暫時放慢腳步，只為了要支持對方完成目標，有時這種「犧牲」也會帶來心情低落，甚至關係緊張的時刻。

我們經過無數次的溝通、協調、重新安排，然後再次出發。原本我們各自相當獨立，從來不喜歡造成對方的麻煩，也沒想過要為對方放棄些什麼，卻在此時玩起「兩人三腳」的遊戲，彼此牽動影響，的確很不容易。這過程在我們之後舉家搬遷至西班牙、以及成為創業夥伴的新階段來說，非常重要。

以下分享幾個在這段期間我們所做過的調整，與幫助我們安然度過的關鍵祕訣，讓也想兼顧家庭和工作，同時進修的讀者參考。

祕訣一　事前充分溝通「為什麼」要進修

還在台灣時，我們就已經多次討論過「是否一定要拿到學位」。我雖然是在台灣「學歷至上」的環境中長大，但我從畢業求職到自己創業，從未用過畢業證書，所以一直認為學位並不是絕對的重點。然而，從德國技職出身的 Jascha 深知所學的不足，內心對於自己還沒有完成大學學業感到十分不安，雖說他也認同學歷並不代表一切，但能夠完成這件事，對他來說非常重要。

每回我們聊完，他會再次問自己「為什麼要這麼做？這件事對我有多重要？」，接著再次與我討論可能會面對的挑戰。

「繼續學中文」這件事，也是如此。Jascha 真心認為，中文是我們兒子的母語之一，而他也希望自己不要離開台灣就忘了中文，所以就算一週只能上一次課，時間實在非常少，他也不願意就此放棄。他相信，認真學習對方的語言，是異國關係的重要基石，而當時我不但遠距遙控事業同時還照顧新生兒，也持續在上德文課，因此他沒有理由鬆懈，也要持續下去。我對他的決定感到不安，也很直接表達很擔心會失去家庭相處的時間。他雖然堅持，但總會將我的感受考慮進去，再次問自己「是否確定要做」，接著再跟我討論他的想法。

充分溝通的結果，就是我個人雖然不一定會做相同的決定，但我知道做這件事對「他」的重要性，所以能在他的背後用「既然要完成，我們就一起做」的態度堅持下去。如果我不清楚他的「為什麼」，甚至他自己都沒有反覆思量過，那麼一遇到挑戰很有可能就彼此吵翻天，甚至放棄。

我們的原則是家庭時間非常重要，如果不是絕對「必要」的理由，不該犧牲任何一點與彼此和孩子共處的時刻。若真要做，就得有清楚與堅定的「為什麼」，而且經過充分溝通。這樣才能牽著手、咬著牙，一起撐過。如果你是單親爸媽，也需要和協助你照顧孩子的人好好溝通，避免後續彼此可能產生的怨懟。

祕訣二　超前部署，重新安排「家庭行事曆」

Jascha 決定要開始半工半讀時，我們沙盤推演了可能的狀況。原本他是大學生，沒課時就能回家，也有寒暑假；一旦開始工作，不只沒課的時間要上班，還得因為上課而提早上班或晚點下班。當然，跟上班族一樣，沒有寒暑假。更別說，回家後還要讀書寫作業，為了畢業論文做準備，他在新的領域工作，也得要研讀許多資料，這些勢必都會動用到他本來可以留在家中陪伴我們的時間。

原本我們是50／50的家務安排，Jascha 半工半讀之後，孩子與家務絕對大部分（甚至高達九成）都落到我的頭上，一定會影響到我工作的時間，因此必須要我能接受才行得通。

我向他提出了幾個「要求」：⑴由他送兒子去托兒所；⑵中文課改到週末，平日晚上下班就回家；⑶週末的家務由他負責。

我們根據溝通結果畫出新的家庭行事曆，也確定我有足夠時數完成工作（畢竟我當時是家中主要的收入來源），他才著手申請工作，而且只挑選能符合這些條件的公司投履歷，主動向面試官說明自己有家庭，且需要時間準備畢業論文。

時間既然珍稀寶貴，就更該要珍惜使用，我們把彼此的需要，統統寫下來，才不會顧此失彼：

- 固定工作／上課／進修時間
- 家庭時間：包含接送孩子與家事分工
- 額外自主工作：包括K書和論文的準備
- 休息時間
- 彼此相處的時間

超前部署，讓我們不會一直得接變化球，減少了對生活和關係的大衝擊。而我直言不諱所需要的工作與休息時間，也讓這份新行事曆能夠實際執行，而不會有任何一人感覺自己很吃虧。只有參與的每個人都不感覺委屈，才能長長久久的合作下去，至少能撐過進修的這幾年。

祕訣三　照顧自己的健康與心情

人一忙、壓力一大，最容易失去的就是健康和好心情。通常進修是少則幾個月，多則幾年的長期抗戰，如果行事曆安排得不好，身體就很容易出問題。我們也在那段時間養成了睡前一個小時放下一切工作的習慣。愈是忙碌，就愈要知道何時該按下暫停鍵，免得錯過了最重要的人事物。

這也是Jascha的一大挑戰——在不同的身分和角色之間跳躍，隨時要調整好自己、準備好情緒，很不容易。我也發現，一旦睡眠不足，兩人的情緒都好不到哪去。因此回到關鍵二，一份好的家庭行事曆，對維持健康和良好的情緒，真的很有幫助。

祕訣四　用自律抓緊進度，找夥伴一起努力

成人進修的一個特點就是「沒人盯」，完全得靠自己鞭策自己，因此「自律」是能否達成目標的關鍵。由於是「偷時間」主動進修，很多時刻會因感覺辛苦而想偷個懶，或有突發狀況（例如孩子生病、工作量突然增加）而必須做許多的調整。「抓緊進度」才能夠在預計的時間內完成目標，否則很容易一直拖延，到最後甚至放棄了。

在談到「微目標」的章節中（請見頁53）我們也談過，最好是將目標具體化，能夠放在行事曆上成為一個待辦事項，比較容易成功。和好朋友一起努力，或有位教練或老師盯著，也是幫助自己的好方法。如果是報名一個必須全班一起完成的考試、與好友約定好一起參加一場馬拉松，進度就必須跟上。

Jascha是個十分自律的人，這點我自嘆弗如。他在這段半工半讀又當爸的過程中，竟然還能保持健身的習慣，而且為了接送孩子，甚至要求自己早上六點就去運動，這是我絕對做不到的。比較適合我的方式是找同伴一起，想到要和朋友見面，就讓我特別有動力。哪種對你有用呢？不妨都試試看。

祕訣五　時常正面鼓勵彼此

前面提過，我對Jascha堅持要完成學業，甚至要繼續學中文等想法，一開始不是很認同，甚至認為他不一定要半工半讀。但他認為，家庭經濟壓力不能只落在我的頭上，希望自己也要擠出時間做些什麼。當他與我充分溝通，而我尊重也接受了他的決定後，就告訴自己：「從今天開始，我就是支持他的啦啦隊！」

半工半讀加上成為新手爸爸，真的很辛苦，他盡力而為，有時難免力不從心。求好心切的他，會對自己非常生氣。身為伴侶，我能做的就是不要扯後腿，別說「早就說過了」這類風涼話。這對我也不容易，畢竟我原本就不認為需要把日子過得這麼辛苦啊！但既然我已經說「Yes」，就只能把那些沒建設性的話全吞下肚了。

支持對方完成夢想，也很容易感覺挫折。畢竟那不是我想要完成的夢想，為什麼要我來付出代價呢？這時就能看出事前深入溝通「為什麼」的重要性了。如果我只是認為這是「他」的事，就會感覺不值得；但如果是「我們」同意要一起完成的目標，感受就不一樣了。

很讓我感動的是，Jascha一回家總會先對我說聲「謝謝！」他不認為辛苦的只有上班又上學的他，也並不認為忙碌就可以逃脫「爸爸」的責任。這點讓一切辛苦變得好過一些。有時我的確累到快要抓狂了，聽到那句「謝謝」，氣就消了一半。

而就算再認真努力，仍舊會有許多擦槍走火的時刻。誠實的說，那兩年我們在夫妻關係上經歷很多挑戰。有時他會因為時間緊迫而倍感壓力，有時我會因為苦等後方支援而疲憊不堪，往往一件小事，就讓整個累積在心裡的不舒服大大爆發。抓狂當然不好，但，抓狂也是很正常的。有時候進度落後了些，沒關係，下週趕上就好；偶爾沒辦法兼顧，沒關係，好好溝通、重新調整就好；繃得太緊，沒關係，讓自己喘口氣，休息一下，重整好心情即可。給彼此多一些耐心與包容，這段日子終究會過去的。

回頭看那兩年多，的確是挺辛苦的，對他對我都是。但終究Jascha拿到了學位，同時也在兩個不同領域的公司累積了許多經驗與人脈，最重要的是，他不曾在兒子的成長過程缺席；而我，趁他夜晚努力K書和寫論文的時間，我也寫完並出版了兩本書呢！我想，人的潛力真是無窮。「天下無難事，只怕有心人」雖是句老生常談，但卻是在承擔多重責任還嘗試要完成些什麼的時刻，非常受用。

point

- 忙碌的上班族爸媽若想再進修，得有清楚與堅定的「為什麼」，並且與另一半充分溝通。
- 超前部署，才不會一直得接變化球，減少了對生活和關係的大衝擊。
- 只有參與的每個人都不感覺委屈，才能長長久久的合作下去，至少能撐過進修的這幾年。
- 當他與我充分溝通，而我尊重也接受了他的決定後，就告訴自己：「從今天開始，我就是支持他完成目標的啦啦隊！」

20

學習之五：家庭共學樂趣多

——訂定「全家學習計畫」

聽到「學習計畫」四個字，你是否覺得這是好遙遠的學生時代的回憶呢？我們一定說得出來孩子最近在學的才藝，但說得出來自己最近在學什麼嗎？

我的母親，是我「終身學習」的好榜樣。印象中，她不時會去聽演講（她很喜歡蔣勳老師的美學講堂），如果有什麼特別的音樂會或演出，她會買票，帶著我們姐妹一起去欣賞。她學書法、學日文、學氣功，一直到現在七十歲了仍然樂於當學生。或許我如此喜愛「學習」，就是受到母親的影響！

當然，母親對我們的學習有極高的要求。不只要求成績與成果，更要求態度。每回我們抱怨「好辛苦」，她總會說：「你在抱怨的時間，不都可以做完了嗎？」這句話至今仍深深刻在我腦海裡。

沒錯！時間已經夠少了，何必還浪費在抱怨和拖延呢？「時刻都在學習」是母親給予我們的重要家庭文化，我也希望把這樣的美好傳統傳承下去。

孩子看著爸媽的背影長大

身為父母，我們很在意孩子在學校與課後學到了什麼。其實父母自己本身的學習態度，對於孩子也是同樣重要的。有些高學歷父母很愛在孩子面前大談「當年勇」，說自己過去當學生時，有多認真上課、努力K書，才有今天；有些父母則是用「負面激勵法」，告訴孩子自己就是因為學生時代不夠努力，所以沒辦法賺更多錢。

相信我，這些故事對孩子的意義沒有那麼大！而且年紀愈大的孩子愈是精明，大人嘴上說的道理，與實際行為之間的差異有多大，孩子都看得一清二楚。我們要孩子去看書，自己卻在滑手機、玩遊戲；我們要孩子把握時間，讀完了書，還要做評量，做完了評量，還要練琴。但我們自己下了班，卻只是癱在沙發上看電視，這樣是不是不太合理？

孩子是看著爸媽的背影長大的，他們需要的不是耳提面命，而是實際的榜樣。我們花費心力與金錢栽培孩子的同時，也應當花些時間投資自己。

我特別建議家有小學生、中學生的父母，安排一個全家共同學習的項目。現代的家庭多半每個人各自忙碌，很少有全家一起做一件事的機會。如果一週能有一個時段，大家都空下時間，共同學習一樣東西，養成習慣之後，久而久之，也能變成一種良好的家庭傳統。如此一來，就算平常再忙，也能持續維繫情感。

等到有一天，孩子長大離家了，全家人就算分散在不同的地方，也能透過網路討論一本書、關注一個社會議題，也能約定好每天健身運動，分享彼此的生活。

與孩子一起樂在學習

女兒從小就愛畫畫，從她上小學開始，我負責開車接送她每週上一堂美術課。上課時間只有一個半小時，如果我很幸運的找到停車位，就會到教室外頭的沙發區，滑手機放空，等女兒下課。有次我一時興起，放下手機，抬頭仔細欣賞掛在教室牆上的畫作，突然回想起自己六七歲大的時候，也是這麼喜歡畫畫。這時，腦海中突然響起一個聲音：「為什麼再也不畫了呢？」

那天女兒下課後，我鼓起勇氣問老師：「孩子上課時，可以讓我在教室外面跟著畫嗎？」老師笑著答應了。就這樣，原本等待女兒下課的時間，成了我每週最期待的時光。大部分的時間，老師都在教小朋友，有空就會出來指點我一下。孩子們一下課，都會聚集到我身邊，看著我或老師畫，有時候，我也會讓他們用油畫顏料在我的畫布點上幾筆，那一個半小時好愉快。平時工作忙碌的我，好期待每週畫畫這段完全放鬆的時刻。更難得的是，我與女兒一起當學生的那兩年，親子關係更親密了，真是最美好又意外的禮物。

有一年母親節，學校老師要孩子畫出「媽媽最常做的事」，女兒畫的正是我在畫畫的樣子。這幅畫我一直收藏到今天，因為它提醒了我「親子共學」的美好。我不再是一個在教室外苦等孩子下課的媽媽，而是她的學習夥伴。

搬到德國之後，女兒和我一起學難得要命的德文；到西班牙，我們一起學西語，也一起學習用異國食材設法做出台灣菜。許多人問我，為什麼可以跟青春期的女兒無話不談，我想，有很大的因素是她從來沒有把我當做高高在上的權威，對她來說，我比較像是走在她人生道路前方的領路人。身為媽媽的我，也會有學習卡關的時候，所以更能體會女兒的辛苦，珍惜她的點滴努力；女兒也從生活中觀察到，媽媽不是永遠的女超人，我也會遇到困難，有些時候甚至比她還要脆弱，但我總會繼續努力，她當然沒有藉口放棄。

我們家中的每一個人，除了自己原本的工作和學業以外，至少都有一個正在學習的項目，特別是語言，是我們共同的興趣。有天晚上，我無意間發現一件很有趣的事，兒子上床之後，女兒、先生和我三個人一起在餐桌上，各自學習三種語言——我學德文、女兒學西班牙文、先生學中文。偶爾我們會抬起頭來，抱怨對方的語言有多難，有時候又充當對方的家教，這種氛圍真的很奇妙又美好。

最近因為新冠病毒疫情，西班牙全境封鎖，我們一家朝夕相處，也激發出很多有趣的共學經驗。女兒學校的體育課給了他們許多「在家運動」教學影片的連結，原本以為很枯燥乏味，沒想到卻是琳琅滿目，充滿樂趣！兒子很喜歡在旁邊跟著姊姊一起做，而Jascha本來就有健身的習慣，一知道得待在家不能出門，他馬上就添購了許多健身器材，所以我們家客廳現在也是全家的健身房，彼此交流和示範不同的運動方式。這是我很喜歡的家庭時刻呢！

做家人最佳的學習夥伴

很多爸媽會擔心，兼顧工作和家庭之餘，還要追求自己的興趣或成長，會不會壓縮到親子相處的時間？這就是為什麼我特別推薦「家庭共學」。家庭共學並不代表全家人都要程度相當，才能上同一堂課，而是所有人在同一時間一起學習。或許每個人從中有不同的獲得，但在這段時間當中，每個人都很享受，而且一起享受，這才是最重要的！

我們全家曾經一起去上以色列搏擊課，當然，先生、女兒和我三人程度差異很大，才剛學會走路的兒子更是什麼也不會，一直追著地墊上的球跑。但光是學習同樣的課程，就讓全家人多了共同的話題，有時彼此取笑，有時互相打氣，有了共同的刺激和目標，會更有動力學習。

朋友曾經問我：「從台灣搬到德國，又從德國搬到西班牙，你不會怕嗎？」我想，或許我是迷上了這種全家一起面對挑戰的感覺吧！當我們一起轉換環境的時候，孩子不再是唯一需要「被幫助」的對象，所有人同樣都得面對新環境帶來的挫折、恐懼，甚至還有歧視和失敗。

大人支持孩子，孩子也同樣給大人力量。

在這段共同學習的時間裡，我們得以放下總是想「教」孩子的心態，展露自己脆弱的一面。這些經歷像是放大版的家庭旅行，讓我們誠實面對彼此之間的關係，也學著去調整，做對方最忠實的啦啦隊。以下分享幾個家庭共學小祕訣。

祕訣一　做彼此「都」有興趣的事

我身邊有不少爸媽朋友說，他們很想和孩子一起做些什麼，但孩子大了，對任何事都興趣缺缺。

我的看法是，孩子興趣缺缺，可能跟青春期或荷爾蒙沒有太大的關聯，也不一定是故意叛逆，單純只是對爸媽提議的事不感興趣而已。

忙碌的爸媽很用心刻意安排家庭時間，卻鬧得全家不愉快，實在很可惜。

共學、共學，顧名思義就是要「共同學習」，如果要孩子去學「爸媽指定」的東西，學習興趣當然馬上就少了一半。

舉一個朋友和女兒共學成功的例子。朋友曾向女兒提議一起學東西，她提了許多課程，女兒都拒絕了，畢竟女兒每天在教室裡坐一整天。後來朋友就想，不如趁放假，和女兒一起在家學點什麼吧！她們彼此都同意「烏克麗麗」聽起來很不錯，兩人便上網查詢線上教學課程。母女倆一開始什麼都不會，一起練習，到最後兩人都能彈出一首簡單的曲子。

在這過程當中，不只是學習一種樂器，更是母女關係的大躍進。

祕訣二　讓孩子當老師

不知道大家是否跟我一樣，只要想到孩子們一雙眼睛正在看，就會使盡全力，拿出自己的最佳表現。這樣看來，孩子真是我最好的老師啊！

我比女兒早一點開始學德文，不過因為我用英文還是能走天下，所以練習說德文的動力就少了很多。女兒雖然一開始程度不如我，但她就是敢講。有段時間，我和她到餐廳吃飯，她總故意盯著我看，示意要我講德文。當媽媽的當然不能丟臉，就算硬著頭皮，也要用德文點餐與結帳。幾次下來，還真的流暢很多呢！

五歲兒子很喜歡學語言，四種語言他游刃有餘，偶爾還會要求看法語卡通！只要是跟發音有關的，他絕對是我的老師。我怎麼學就是學不起來的西語彈舌音，兒子才來西班牙幾個月就已經駕輕就熟。當然，他的德語發音也比我道地太多，中文則比Jascha強。讓孩子偶爾當當老師，也是建立自信心很好的方式。

祕訣三　別拘泥於學科內的學習

前面提到的幾個例子，有些與孩子在學校的學習有關（例如語言），但我們家最享受的共學，大部分都是學科之外的有趣事物。最近因為疫情影響我們都待在家，迷上了煮食與烘焙，女兒有時會傳給我她想要試試看的食譜，我也會問兒子想吃什麼、要不要一起做。

就因為兒子太想吃水餃，我們在幾個月前，第一次從擀水餃皮開始做水餃！練習到今天，我們家已經變成「瓦倫西亞水餃大王」，研發出我們家特調配方，分工合作擀麵皮、包餡料、下水餃，彼此搭配得天衣無縫。

很多媽媽擔心孩子將廚房弄得一團混亂，不用擔心！其實孩子愈有機會進廚房，他們會愈熟練，也愈知道怎樣維持清潔。

女兒生日時我送了她一台電子鋼琴，就放在小小的走廊上。她到了歐洲並沒有上鋼琴課，但有空會自己坐在鋼琴前，練習自彈自唱。兒子喜歡電影《星際大戰》，有一次我用鋼琴彈出主題曲的旋律，他便總是央求我彈給他聽，前天他竟然有模有樣的使出「一指神功」彈出了第一小節。

這些學習或許沒那麼有組織性，但卻樂趣十足。若在這過程中繼續發現全家共同的興趣，就能夠更有系統的一起認真學習。

祕訣四　訂定簡單而完整的計畫

就跟所有的學習計畫一樣，家庭學習如果要有「成果」，也會需要簡單的架構，否則很容易就不了了之。

但請記得，樂趣為重，簡單為上！計畫的內容不需要巨細靡遺，只需要大略規劃學習時間，和期望達成的一個小目標。例如每週一次學做菜，目標是一個月後，要招待外婆一頓母親節大餐。別忘了，這是「共學」，不是給孩子的「任務」喔！彼此都樂在其中，才是重點。

等到全家人都很習慣共學模式了，也喜歡有個小小目標、一起前進的感覺，接下來就可以再把餅畫大一點。我有一個好友很喜歡鐵人三項，他就利用寒暑假的時間，與兒子一起規劃父子騎車環島、玉山攻頂呢！

家庭學習計畫的目標，一開始不需要太遠大或太嚴格，建議爸媽可以讓孩子來設定目標。

我和女兒曾經約定，每天一起做地板撐體運動，目標很簡單，就是到了夏天，母女倆都敢穿上新買的比基尼。我原本以為女兒肯定比我強，沒想到媽媽卻是全家撐最久的那一個。每天晚上，女兒與我會一起幫彼此計時，甚至還會故意唱歌干擾對方，辛苦的撐體運動練習，一下子變成了有趣的競賽。

那段時間，我們也會隨時提醒彼此要注意飲食。從媽媽耳提面命女兒要吃得健康，變成媽媽拿起叉子要吃蛋糕時，被女兒用眼神阻止，不知不覺中，媽媽和女兒的角色對調了，感覺真的很奇妙。對了，我們在那個夏天果真達成了目標，母女一起穿上新買的比基尼呢！

祕訣五　關係至上，保持彈性

訂定任何全家共學計畫，都不要太死板。

因為家是放鬆的地方，更是談愛的地方，把公司裡用來要求下屬的方式拿來要求家人，只會落得不愉快而已。

如果執行一段時間後發現，學習的事物並不是對方喜歡的事，就別硬要對方「貫徹始終」了吧。

切記，家庭時間，關係至上。就算只是一起追美劇，也能視為一種「外語能力的共學」，中間增加了彼此的話題，也更了解每一個家庭成員的想法和個性，對我來說，這就是最棒的學習了。

全家的學習計畫，我多半偷偷給自己設定較為嚴格的目標，至於孩子和先生，只要有一起做就行了，更重要的是全家人好好享受這段時間。「嚴以律己，寬以待人」，不只是行走江湖的法則，在家人之間更該如此。

持續利用碎片時間學習成長，本來就不是一件容易的事。有伴一起學習，會讓過程輕鬆點，也更愉快些。和親愛的家人一起學習，如果能抓對項目和目標，也保有過程之中的彈性，絕對可以成為美好的家庭回憶。

point

- 家庭共學最重要的是全家每一個人在同一時間一起學習、一起享受，彼此都樂在其中。
- 共學、共學，顧名思義就是要「共同學習」，如果要孩子學的是爸媽指定的東西，學習興趣當然馬上就少了一半。
- 放下總是想「教」孩子的心態，展露自己脆弱的一面。誠實面對彼此之間的關係，也學著去調整，做對方最忠實的啦啦隊。
- 樂趣為重，簡單為上，但仍建議大略規劃學習時間，並設定一個小目標，全家一起前進。
- 你一定說得出來孩子最近在學什麼才藝，但說得出來自己最近在學什麼嗎？

21 打造未來之一：把「夢想」變成「日常」

——十七年的不忘初衷

為了寫這本書，我回頭查了當年的資料，看了不禁莞爾一笑！因為我創立的第一家公司正式通過設立的日期，恰好就是女兒出生的三天前，女兒和我的公司還真是「雙胞胎」啊！當時我沒錢找人代辦，親手包辦了所有的申請程序。還好台北市政府的承辦人員非常幫忙，仔細教我怎麼填資料，還一直替大腹便便的我倒水。那一天天氣很熱，就與我火熱的心一樣。

我決心當一個在家創業、陪孩子成長的媽媽，這個「夢想」到今天成為了「現實」，這十七年來無論事業如何變化，個人的生活也有高有低，我從未間斷的走這條路直到今天，而且直到兒子成年為止，還會繼續至少十三年（兒子目前五歲）。

整日忙於工作與家庭，有時我們會忘了抬起頭來看看自己前進的方向。父母看著孩子長大，時間走得特別快，一轉眼十年就過去了。除了找時間讓自己與家人好好休息、學習與成長之外，在當下為未來而努力，也是同等重要的。如果不是因為當年的初衷與一路上的決定，我們一家現在也不可能住在自己喜歡的地方，做自己喜歡的事。這一條路我走了將近二十年。

每個人有著不同的夢想畫面，也有著不同的圓夢過程。在「打造未來」這四篇文章裡面，我分享自己這些年的心路歷程，哪些是我認為重要的，哪些又是我從錯誤中學到的，藉著親身故事的分享，希望鼓勵你，現在的生活可能不夠理想，但我們終究能夠滴水穿石、積沙成塔的將它改造成理想的模樣。

現在的抉擇，決定十年後的生活樣貌

我一直相信，現在所做的任何一個決定，都會影響未來，無論好壞。大部分的事情無所謂這樣走那樣過，為自己的決定負起責任、勇於承擔就是了，但關乎未來的那些大決定，可就不能太過輕忽，因為很有可能一下子忘了「遠景」，路一走偏，夢想生活就會愈離愈遠了。

例如在創業之初，有很多機會到中國去發展，但我都拒絕了。當年台灣的婚顧市場走得比較前面，他們很希望台灣發展成熟的婚顧公司可以過去分享經驗，當時我擔任婚禮顧問發展交流協會理事長，有很多邀約和機會。那時女兒只有四五歲，而出差到中國一次就是幾天甚至一整個星期，我不願意離開年幼的她那麼久，因此一律婉拒。我把機會轉介給有興趣的同業，之後他們在中國的發展非常好，有些人甚至就搬過去了，賺了很多錢。

朋友問我：「會不會覺得很可惜？」我說：「一點也不！我賺到了更珍貴的，陪著女兒成長的時間。」

之後女兒長大了些，很喜歡跟著外公外婆出國旅遊，我漸漸多了自己的時間，可以出差或做自己喜歡的事，算是被動的隨著女兒的成長階段，調整自己花在事業上的時間與精力。

這樣的排序對很多人來說難以執行，對我卻是理所當然。絕對不是因為我的性別，而是很清楚的人生抉擇——我想盡我所能陪孩子成長。

十多年之間，也遇過好幾次金主捧著大把銀子要投資或買下我公司的機會，我也都婉拒了。當中還包括自己的親戚，所以絕對不是不信任投資者，而是當初我創業的動機，決定了每個重要決策。

如果有任何投資者介入，我這樣的生活和經營的模式是絕對會被挑戰的，畢竟為了配合母職，我的「彈性工時」甚至都變成「任性工時」了，哪個花大錢的投資者會接受這樣的公司管理人呢？

更別說，我後來在短短幾個月內臨時決定搬到歐洲，如果公司不只有我一人掌管，又怎能如此照自己意思行事？拱手把公司交給他人，完全不列入我的考慮，「完全自主權」才是我所想要的，雖然我因此放棄了一些發展的機會與收益，然而至今完全無悔。

我並不認為自己的創業方式是絕對正確的。對於很多人來說，讓一手創辦的公司擴大經營規模，甚至被高價買下，才是他們的目標。那也是很好的目標，但對我來說就不是。

現在回頭看，那幾年把大好機會往外推並沒有導致任何損失，反而因為這樣，我有時間發展更多婚顧以外的事業，現在反而變成了我的主業呢！而且，女兒與我也因此特別親密。在她人生最初的那幾年，我親餵母乳到兩歲，睡前呢喃到七八歲，每天不管多忙多累，都還是親自幫她綁馬尾，和要上學的她說再見。這些都是我們母女倆最珍貴的回憶。

搬到歐洲之後，我在家的時間更多了。相隔十一年生了小兒子，在他出生的頭兩年，基本上我除了偶爾經手只有我一個人能處理的事（事實上不多），其他的時間我就是個待在家的媽媽。

經過十多年的努力，事業上穩固的收入讓我可以安心的在德國的家裡，與求學中的丈夫一起照料新生兒和剛搬到德國的青春期女兒。雖然生活中總有許多新挑戰，但已是無可挑剔的理想生活了。

我常回想起十多年前剛當上媽媽的自己，訝異於二十七歲的我，怎麼能夠承擔這麼多的生活壓力而仍舊持續前進。同時，我也感謝當時的自己，並沒有因為過程辛苦而放棄，否則就無法實現現今的生活。

擁有明確的初衷，才能撐過所有的難關

若不是非常清楚自己的「為什麼」以及清晰的生活樣貌，我想當初自己也不可能熬過來。畢竟沒有任何背景與人脈，一切從無到有，中間經歷過千萬次「自我懷疑」與被質疑「你行不行？」的時刻，唯有抱持「遠景比眼前的自己重要」的堅定信念，才能關關難過關關過。

事實上，當時的我並沒有感覺特別艱辛，一轉眼就已經十七年了。過程的確不容易，但每天朝著夢想前進的快樂，對我來說遠大過於日常的情緒起伏。

如果我所努力的，並不是自己真心相信的價值，我想也不會這麼順利。依照自己想要的遠景來規劃現在，絕對是有意義的。「雖不中，不遠矣」，我一直相信如果方向正確，就算還未完全達成目標，這條路仍舊非常值得走下去。

你的心中，是否也有一個讓你每日持續前進的方向呢？你現在所花的寶貴時間，是否都為了一個心中理想的生活而努力？

今天，保留一個安靜的片刻，想想自己為了什麼而付出努力吧！這個遠景清晰了之後，我們就能好好經營現在，打造未來。

point

- 現在所做的任何一個決定，都會影響未來，無論好壞。
- 現在的生活可能看起來不怎麼討喜，但我們終究能夠滴水穿石、積沙成塔的將它改造成理想中的模樣。
- 如果方向正確，就算還未完全達成目標，這條路仍舊非常值得走下去。
- 整日忙於工作與家庭，有時我們會忘了抬起頭來看看自己前進的方向。
- 你的心中，是否也有一個讓你每日持續前進的方向呢？

22

打造未來之二：最完美的24小時

——一個能過上一輩子的生活方式

現在是我最喜歡的夏季，我被孩子叫醒，準備一起做美好的早餐。我們居住在陽光普照的城市，有美麗的沙灘與友善的人們，城市裡有歷史舊城區，也有新興的摩登建築，我們身處城市卻能隨時接近大自然。我與Jascha在家工作，孩子上學時，我們為未來生活與各自的人生志業而努力，同時不忘找時間好好相處。

孩子回家後，能夠同時擁抱爸爸和媽媽，我們同心協力完成家務，時常到公園散步與野餐，與朋友和家人相聚，日落時分，一家人相聚餐桌，享受親手烹煮的健康美食，交換彼此今天發生的新鮮事。當孩子入睡後，Jascha與我各自享受「Me Time」，之後窩在一起共度我們的甜蜜夜晚。這就是我美好的二十四小時。

事實上，除了無法與台灣的家人時常團聚之外，這真的就是我們的日常生活。我對夢想的定義很實際，就是將最完美的二十四小時，努力變成生活的日常。經過了十七年，我終於做到了！接下來就是將這樣的美好，與我在台灣的母親與妹妹一家共享，能夠多花些時間回台灣和他們相聚，也能固定讓他們來到歐洲渡假，享受地中海的悠閒生活。

達成所有目標，就等於夢想成真嗎？

過去我認為，夢想就是去「完成」某一件事情，例如登上世界高峰、遊歷一百個城市、每年賺多少錢等。我每年設定很多這樣的大小目標，也完成了不少，然而完成一個目標又追下一個目標，我感覺到自己正在過一個「打勾勾」的人生，永不滿足。就算我達成了這些清單，還有更多我還沒做過的事情等著我完成。

這種打勾勾的生活我過了很多年，特別是剛創業的前十年，我的人生總在追著一些長期和短期目標（或說「人生的ＫＰＩ」）前進。當我做到了某個目標，那種滿足可以延續幾天或幾週，但感覺總是有點遠在天邊，我總得回家過我的「正常生活」。

我發現自己成為「目標達成達人」，生活方式卻十分貧瘠。

我無法好好享受食物和睡眠，總是一個任務緊接著下一個，中間有任何空檔我還是在工作，或者因為心靈的空缺而瘋狂購物。我曾經在兩個約的中間，跑到百貨公司一刷卡就是好幾萬，但買回來的鞋子衣服都只穿那麼幾次。

直到我問自己：「凱若，你要一個目標達成滿滿的人生？還是要一個能過上一輩子的生活方式？」

當時，我有兩份都很不錯的事業，買了兩間房，也有車，在前一段婚姻中也生了孩子。女兒已經夠大，可以讓我離家出差或旅行一兩週，所以也擁有不少自己的時間。用「五子登科」的概念來看，完成率已經接近九成，只差我不是什麼億萬富豪而已。但心靈深處我知道那不是我想要的「生活日常」，我並不滿意我的每天二十四小時，不喜歡我身處的環境、關係與生活方式。

然而當時我沒有跳脫「打勾勾人生」的勇氣，這樣的日子又過了三年左右我才決定跳脫。我並不是別人眼中那麼勇敢的人，也不總是腦袋清楚。我也曾迷失在社會的肯定與眾人的推崇之中，藉由完成一件又一件看起來很厲害的事情來定義自己。

如果現在你問我「如何找到自己的夢想？」我不會要你寫下什麼收入目標、買什麼牌子的車子、住什麼樣的房子、生幾個小孩，還是達成事業上的某項成就。我會請你給自己一些時間思考，「最美好的生活日常」是什麼模樣？

- 你想與誰生活或共處在一起？這些關係給你什麼感覺？他們愛你嗎？
- 你的柴米油鹽醬醋茶是什麼狀態——你如何獲得收入？是花時間換錢，還是創造了永續的資產？
- 你住在喜歡的城市或環境裡嗎？你認為最重要的環境元素是什麼呢？
- 你如何陪伴你所愛之人——你如何安排你的每分鐘、每一天、每一週、每一個月、每一年？
- 你如何愛自己——如何飲食、睡得好嗎？你的健康和體態如何？

要誠實回答這些問題，可能不容易。特別是當你認為自己完全無法改變現狀的時候。一個看似美好卻無法滿足彼此的婚姻、想要發揮所長卻處處被限制的工作、與讓自己隨時緊繃的家人同住、沒有足夠的時間去運動或旅遊，更別說鏡中自己看了也不喜歡的自己，這一切是多麼難以改變！

但相信我，只有誠實面對自己，才有可能逐步往理想的生活邁進。我們可能無法立刻改變生活或關係的現狀，但我們能夠先從自己開始，抓出時間讓自己過得更有意義。我們可以先從每天一個小時的學習或運動開始，從嘗試一個新的兼職創業開始，從改變自己的書桌和臥房開始。我們可以從「此刻、此地」開始，往前走。

當年的我從「成功假象」醒來後，第一個做的改變是飲食。這是很細微的一步，但卻很有意義。我過去不理解自己如何深受飲食的影響，這小小第一步帶來後面許多的大變革！（我改變飲食的契機與過程，請見頁166。）

簡單的飲食改變所引發的連鎖效應非常驚人。我逐步擺脫被制約的腦袋，在關係和事業上都做出了很多重要的決定，花了三年，漸漸走出原本不愉快的狀態，對自己想要過的生活愈來愈清楚。所有的朋友都感覺我整個脫胎換骨，從裡到外完全成為了另一個凱若。

其實我們沒那麼無可奈何

我一直非常討厭穿套裝和高跟鞋，卻曾經長達十年每天全身勁裝、踩著十公分高的鞋跟。而從六年前到現在，我的鞋櫃裡一雙高跟鞋也沒有。過去我告訴自己一切「無可奈何」，但後來才發現是自己不願意也不敢走出框框，過一個別人認為「怎麼可以」的人生。

我搬到德國之前，許多人警告我：「你台灣的事業會垮掉！」我謝謝他們的關心，也提早準備所有可能的狀況，所幸他們預期的並沒有發生；我決定嫁給一個小我十四歲的「男孩」時，許多人告訴我：「這種關係不會持久，他肯定會變心！」然而我們已經在一起八年了，經營著我們的四口之家，仍是彼此最好的朋友和戀人；我們決定要搬到西班牙時，也有很多人關心我們是不是瘋了！「西班牙經濟沒有德國好，你們連一句西語都不會說，還帶著兩個小孩，能嗎？」而現在我們已經在西班牙居住了一年，非常享受地中海的陽光與沙灘，還因為搬到這裡而開創了全新的事業。這篇文章第一段所描述的，就是我們現在的每日生活。這些年我沒有什麼令人稱羨的豐功偉業，但我一直相信，生活並不是要過得令人羨慕，是要過得愈來愈像自己。

「你最完美的二十四小時，想要怎麼過？」「你怎麼把這樣的一天變成生活中的日常？」這些問題的答案只有自己知道，解答也只在自己身上。或許要如我一般，花上好多年的摸索、好多年的膽怯，再加上好多年的努力才能找到，但花時間思考這些問題，絕對值得。更別說，為此而持續努力！放下打勾勾的人生，誠實的問自己——想要的生活究竟是什麼樣貌，相信這會帶著你用截然不同的視角來看待「夢想」。

point

- 只有誠實面對自己，才有可能逐步往理想的生活邁進。
- 我們可能無法立刻改變生活或關係的現狀，但我們能夠先從自己開始，抓出時間讓自己過得更有意義。
- 從「此刻、此地」開始，往前走。
- 我過去告訴自己「無可奈何」，但後來才發現是自己不願意也不敢走出框框，過一個別人認為「怎麼可以」的人生。
- 你最完美的二十四小時，想要怎麼過？你怎麼把這樣的一天變成生活中的日常？

23

打造未來之三：與家人共築「家庭遠景」

——有目的地，才知道路該怎麼走

打從十七年前成為母親的那一刻起，我便知道懷中這個皺巴巴的小可愛，即將成為我一輩子的牽掛，至死方休。無論我選擇什麼工作、到哪裡生活，做任何人生的抉擇，都與她密切相關。我對這個愛吃又愛玩的小女孩完全著迷，不可自拔！十一年後，我再次「墜入愛河」。我的兩個孩子就是我人生的錨，讓飄蕩的心有了歸屬，一切的努力有了方向。

父親在我十九歲時罹癌過世，對我來說是個極大的震撼，因為我總以為那是好久好久以後才可能發生的事，甚至感覺永遠都不會發生。但，就在我高三那年，如火如荼準備聯考之際，我們在餐桌上得知爸爸的病情，從那天起的一年內，我的世界翻天覆地。我一點心理準備也沒有，我想爸爸和媽媽也沒有。

爸爸擁有自己的建築師事務所，忙碌到沒時間帶全家人出國旅行。他曾經承諾媽媽，五十歲之後，每年都會帶她到歐洲去看看那些教科書中的美麗建築。然而，他四十九歲發現罹病，五十歲就過世了。

多年之後肚子裡懷著女兒時，我回想起這段過去，決心不要重蹈覆轍，永遠讓自己超前部署，隨時準備。我在自己每一年的目標旁，都一定寫著女兒的歲數，因為我們往往認為自己永遠有時間，可以專注在眼前就好，「之後再說」，然而現實的人生並不是如此。事實上，有些時刻就是這樣過去了，再也不會回頭。

前面的章節分享了孩子在不同成長階段時父母親的任務（請見頁78）。與孩子的成長相對應的人生階段安排，對我來說非常重要。我無法完全不在意孩子現在的年紀，就來安排我的事業與生活選擇。因為我們一個搬遷、一個事業決策，都有可能影響到孩子的學校、交友、生活方式。

孩子人生的前三年，就是有許許多多的需求，雖然這些需求不一定都要由父母回應，但能夠一起經歷，是很重要的歷程與回憶，我相信對孩子來說，也間接影響了他們對父母的信任感；而學步兒就算可以短暫離開父母，但仍需要與「重要他人」大量互動；到了孩子上學之後，我們的任務從大量花時間的陪伴，轉而成為他們個性養成的推手；青少年時期，我們不再如此「勞力」卻需要「勞心」。為人父母，一路得經歷許多不同階段，這也影響我們如何打造家庭的遠景。

我們家搬到德國再到西班牙的故事，就是一個構築與實現「家庭遠景」的實例。我嘗試在有限的篇幅裡與各位分享我們一路走來的高高低低。你可以看到，這過程絕對不是完美順利，但為了一步步完成這個畫面，到今天整整花了我們六年的時間。

從「我」和「你」，到「我們」／「我們家」

Jascha 與我剛開始交往時，並沒有家庭遠景的概念，我們只知道彼此要好好相待，但是並沒有討論過未來想要過什麼樣的生活。事實上，我過去在思考夢想或目標時多半自己默默耕耘，並沒有與人溝通的習慣，這也讓身旁的人很難理解我的選擇。

Jascha 當時放下了學業，到台北與我共同生活了一年。一開始一切都很好，我的事業蒸蒸日上，他在師大學中文也學得有模有樣，我們與女兒相處愉快，時常四處旅遊。但就在他在馬爾地夫向我求婚之後，反讓我們對未來產生了疑問。他希望完成學業，靠自己的努力開創事業，但這代表或許得回到德國；而我對他希望自己做些什麼的「志氣」感到佩服，卻也擔心我是否能跟著離開，畢竟女兒和事業都在台灣，而女兒當時並不想跟我去德國。

我們各自都因為這樣的糾結而感到不安，卻沒有攤開來談。在那之後，我們與他的家人在紐約相聚，他已經半年多沒見到父母與兄妹，非常興奮卻也緊張，因為他的母親對於他放下學業到台灣一直很有意見，她認為Jascha應該要有自己的收入與事業，而且應該要盡快完成。Jascha面對家人的期望，壓力非常大，我們好幾個晚上在旅館都是大吵收尾，甚至讓我起了乾脆分手的念頭。

一天晚上我們又吵架了，我一夜未眠，思考著接下來該怎麼走。我面對「自己的遠景」與「和他的共同未來」內心有很多衝突，更何況還要考慮到女兒，負面情緒滿溢的我，當下很想一走了之，反正我買張機票就回到台灣了，怕什麼！

但冷靜下來思考，我希望未來的遠景裡面有這個人的存在，而這就代表，我得將「他的」人生規劃與夢想放到「我的」目標裡頭。意思是，我們得要有屬於「我們的」遠景，一個家庭的遠景。

最終我決定，放慢自己的發展腳步，先等待他完成到一個階段。這份等待代價很大，等於要暫時放下台灣的一切，所有親友都認為我瘋了！但我只向上天祈禱一件事——讓女兒願意跟我到德國，與我一起生活。其他事我都能夠安排，只有女兒的意向，我無法勉強。Jascha與我在那天之後，做了很多「一起」的討論與決定，我們不再是為了個別的夢想各自努力，我們即將擁有一個「家」，家裡的每一個人都算數，而且都非常重要。

我們雖然並不是在所有的事情上都能馬上得出共識，但很重要的是，我們都願意去討論這個未來的畫面，並且努力溝通出一個彼此都認同的方式。我想，如果Jascha是一個庸庸碌碌只顧當下享樂、不願投資未來的人，我們也無法走到今天。畢竟就算是夢想「一輩子享樂」，也得在今天做些規劃和付出才行啊！

意外，或許是幫助我們向前的契機

我們決定搬到德國漢堡，花了很多力氣走過了「文件煉獄」，總算塵埃落定。推著四卡皮箱搬了兩間旅館和三間B&B，才順利入住新家。沒想到迎接我們的，是意外的懷孕！完美規劃看似被打亂了，得要開始找婦產科和助產士，高齡懷孕的我孕期有很多不適，生活一片混亂。但之前的經驗告訴我們，即使世界翻天覆地，只要我們有共同的遠景就能牽手一起度過。

兒子的意外來到，加速了我們一家的團聚。我們兩人的小世界，在短短幾個月成了四口之家，真是神奇！這不就是我們當初設想的遠景嗎？雖然當時不知道這夢想該要怎麼實現，但宇宙聽到我們的許願，帶來了一個新生命，同時讓我們的理想生活因此得以實現。

生活當中總有許多意外。我們可能被迫離開工作，後來發現幸好及早逃脫了並不喜歡的環境；可能我們遇上了不愉快的人和事，卻發現這幫助了我們思考究竟自己是否要繼續，決定了我們的「為什麼」；或者如今年全世界都籠罩在新冠病毒的陰影下，卻讓許多人重新發現煮食烘焙與待在家中的樂趣。

感謝懷孕之前的那些爭吵和糾結，讓我們逐漸建構出家庭共同的明確方向。因為當意外發生時，一個家庭有沒有清晰的「家庭遠景」，幾乎決定了他們會分崩離析，或者更加緊密。由於兒子的出現，女兒二話不說立刻願意離開熟悉的台灣，而到今天，她對弟弟依然疼愛有加，是弟弟心目中全世界最棒的姊姊。

而在我們的家庭遠景之中，還有一個重要的條件——Jascha 完成學業後，我們就要離開德國。這對一個在德國鄉下成長的男孩來說是個很特別的願望。他的朋友們多半可以預期自己十年二十年後在哪工作、生活，但他從小就希望能到異地生活。

「家庭遠景」中很重要的一個元素，是「在哪裡過怎樣的生活」，我們在結婚時就彼此同意，未來我們會離開德國搬到異鄉。

你想在哪裡過著怎樣的生活？

我現在都強烈建議朋友們，在正式踏入禮堂之前先討論這個議題。如果兩人未來想要的生活或退休的方式差異很大，那麼等於開著一台有兩個車頭的火車，所有的努力都會彼此抵消。特別是已經超過四十歲的夫妻，更該試著討論這個話題，畢竟退休日離你們不遠了。

決定生活地點時，還有一個關鍵因素不可忽略，就是孩子的意向與他們所處的階段，這也是我們考量最多的部分。

女兒和我們一樣，也喜歡充滿探險的生活。雖說她在德國住了五年，已經建立起穩固的學校生活與好友圈，但從台灣搬到德國的經驗，讓她相信新的環境總是可以給予新的養分。她即將要進入高中（十一、十二年級），如果我們在她十年級時不搬遷，功課變重後才轉學，在學業上就會更緊張了。這決定了我們在二〇一九年搬家的時間表。目前看來，這個決定是對的。女兒可以利用十年級適應新學校、新同學和老師，也有時間去體驗西班牙的新生活和城市，這一年對她來說非常重要。

我們一開始的計畫看起來很完美，然而兒子的意外加入，成了這個遠景的最大變項。從小在穩定環境成長甚至沒搬過幾次家的Jascha，很擔心搬遷到異鄉對寶貝兒子的影響，但他想要離開德國的意念也同樣強烈。該怎麼決定？

自從兒子出生，Jascha 就一直在思考盤算。我對他說：「好幾次的經驗都告訴我們，只要方向清楚，細節都會解決！」於是，我們在 Jascha 寫完畢業論文之後，便開始找尋離德國不太遠的城市。一方面要能滿足我們的期望（陽光普照，有沙灘與綠地公園），一方面也要讓孩子們仍舊可以常回爺奶家相聚。

找尋理想城市的過程有不少波折，最終瓦倫西亞從我們的清單中脫穎而出，初次拜訪，一家人就愛上了這個完全滿足我們期望的城市。半年後，我們就搬到了這裡。到現在，仍舊時刻覺得神奇，當初談論的夢想畫面就這樣逐步實現了呢！

理想生活的財務規劃

當我們決定搬到西班牙時，最多人問我們的就是「那收入呢？」的確，財務規劃也是勾勒家庭遠景時非常重要的要素。我們並不需要擁有金山銀山，然而總是得確定生活過得下去，不需要為「柴米油鹽醬醋茶」煩惱。

為了了解能否負擔得起、該準備多少錢，我們在決定搬遷之前，透過城市數據資料庫 Numbeo（https://www.numbeo.com/）查詢和比較了許多理想城市的生活開銷。我認為，清楚知道自己想過的生活需要花多少錢，是很重要的功課。

我在台灣演講時曾經問過台下聽眾：「你認為自己和一家人，一個月需要多少錢才足夠？」發現許多人完全沒想過這個問題呢！

我們常常感覺自己「沒有錢」，卻對於「我們一家一個月至少要有○○元，可以過上基本舒適的生活」毫無概念。找個時間，上網查一下你想要居住與生活的城市一個月需要多少基本開銷，加上你們特別在意的項目（對我們來說，是教育與固定旅遊），就可以知道基本年收入應該多少才夠。

這個數字因人而異，而且差距可能天南地北。我的一對英國夫妻好友有兩個孩子，兩人早早在四十歲就退休了。他們很有錢嗎？並不然。

他們是現在最時興的 FIRE 族（Financial Indepent, Retire Early，意指「財務自由，早早退休」），年輕時努力增加收入與存款，十五年內在倫敦買了房產並投資股票。再利用租金收入與股票收益，讓他們在四十歲時搬到生活支出相對低廉的西班牙，不需要工作就能過一般的日子。聽起來很不錯吧？這並不是特例，我們身邊就有許多朋友正這樣進行中。

雖然身為父母親的中壯年族群，考慮到孩子的教育或為了照顧原生家庭，可能無法想搬到深山野嶺，就真的可以搬去。但是我們認識的 FIRE 族當中有些人並沒有

「退休」，他們遠距工作，例如拿歐洲的薪水在東南亞生活，利用不同區域的生活費用差異來過更好的生活。每個個人或家庭的「基本年收入目標」都是不同的。清楚計算出屬於自己的數字，會讓你訂定目標的時候更具體，也不會總落入「我們沒有錢」的思維窠臼裡爬不出來。

即使不打算移居他國，利用這個網站的資料來分析目前的生活開銷，對於財務規劃也是很有幫助的。哪部分我花的比一般人多？而哪些部分我省下來了？是否可能搬遷到周遭的城市以減少開銷？會增加多少通勤支出與時間成本？當我們知道自己有所選擇的時候，對生活的掌控感也會更強。

接著，分析在目前的收入模式裡，努力幾年後，能否達到自己的目標呢？如果不能，該怎麼調整？主動型收入（如薪資與接案收入）與被動型收入（如房租收入、股票與投資收益、事業自動化後的固定收益、版稅等）所占的比例各是多少？想要過自己理想的生活，又該是怎樣的比重？這些都是影響職涯抉擇的關鍵。

收入怎麼來？

然而家庭財務規劃，絕對不只是計算該有「多少」收入而已，「如何」賺入這些收入，對生活方式的影響更是長遠。我這些年一直都是遠距遙控台灣的事業，也在家寫作與教學。只要有網路的地方我就能工作，我們還住在德國時，Jascha 在漢莎航空有一份穩定的工作，因此他也思考過之後是否要在西班牙求職，但這些年他每日觀察我的工作方式，希望與我一樣嘗試在家創業。

「創業」是一個很重大的人生決定！多年的經驗告訴我，創業並不適合所有人。我希望他能「自己」做出抉擇，沒有任何我的意見參與其中，因為那將會是「他」的事業，所有成敗與高低，得由他自己承擔。

我在家創業與工作十多年了，這樣的生活確實是我想要的，無庸置疑。許多夫妻可能會用彼此的期望來影響對方對事業的選擇，我也曾經這麼想過。但觀察身邊夫妻，如果是勉為其難接受另一半的期望，無論是上班或創業，甚至是在家當家庭主夫主婦，最後婚姻都沒有太好的下場。

就算是伴侶，人生仍舊是各自擁有的。我們共享部分生活，然而一個人是否感覺到滿足、是否能自我實現，無法靠另一個人來定義。

因此，我從不鼓吹另一半創業，反而當他還未能決定自己的道路時，我鼓勵他「那就先去上班吧！」因為真實體驗過了，會更清楚自己的感受。經過在銀行和航空業的工作之後，Jascha 發現自己每天要離開寶貝兒子去辦公室，花一整天做別人覺得有意義的事情，對他來說實在是浪費生命且難以忍受！所以，就在我們決定搬到瓦倫西亞之際，他也做出了創業的決定。

他不只決定創業，更決定在家工作，只為了能夠花更多時間陪兒子。與孩子一起在家工作並不容易。但這是我們選擇與決定的生活方式，就要盡力學習與安排，一年下來也愈來愈得心應手。

Jascha 和我希望建立的事業模式很簡單，就是讓我們可以擁有自由的時間，在世界各地都能工作，而且有足夠的收入可以生活。我們不需要成為億萬富翁，也不期望公司擴張到多龐大，但能夠讓我們自由選擇生活的地點，決定何時上班和下班，這點非常重要。因此我們不找辦公室或開店，網路成為我們的救贖。雖然人在西班牙，但我們逐漸建構起一套系統，加上台灣優秀的團隊，讓我們人在遠處也能夠順暢的將產品送到台灣的顧客手上。

這樣的規劃，讓我們一開始的準備工作特別繁雜。因為必須一次就將整個流程以「遠距遙控」的模式來安排，找尋所有的合作對象都得要能夠配合「老闆不在台灣」的前提，所以遇到許多挑戰。然而也就是因為我們的「家庭遠景」非常清晰，面臨難題的時候，彼此會對對方說：「我們的遠景是這樣那樣的，如果依照之前的討論，可以做的選擇是這些。我們是要繼續前進？還是要重新討論遠景呢？」

從經驗看來，有九成以上的狀況，我們都會選擇照原本討論的方向前進，只是或許會微調一下做法與時程。這減輕了家庭成員之間溝通的壓力，放下情緒，彼此支援去完成共同的遠景。最終，我們花了六個月的時間打造這個系統，現在不論我們人在哪裡，整個流程都不會受到任何影響，可以持續順暢的運作，那段時間的辛苦現在看來非常值得！

與家人同舟

在搬到西班牙之前的幾個月，Jascha 還在上班，我們要抽時間學西班牙文、打包行李、辦理相關文件和更改地址，還有孩子們的新舊學校，都有不少細節要注意與處理，真的是非常忙亂緊湊，但也同時摻雜著即將迎接新開始的興奮與喜悅！我們在二〇一九年一月拜訪瓦倫西亞，馬上推翻了四個月前預備搬遷到巴塞隆納的決定，更讓一切準備工作得重新開始。二〇一九年春天，我們再訪瓦倫西亞，將學校和住屋都確定了之後，回到漢堡，開始打包行李。

終於在二〇一九年七月中，我們將漢堡舊公寓的鑰匙交還給房東，舉家搬到了一個只去過兩次的城市，開始全家的新旅程。

瓦倫西亞位於地中海區域，一年有三百天的晴天，正是我們喜歡的溫暖氣候。全家人最愛的就是這裡的海灘，離我們的新居只需要二十分鐘車程。兒子之前並沒有太多機會接觸沙灘，一開始還有點害怕，現在已經可以直接衝到海裡跳浪。西班牙的食物與台灣的口味更相近，我們最愛的就是道地的瓦倫西亞燉飯。這個城市有美麗的舊城區和蜿蜒穿過整個城市的河床公園，我們真是愛極了這個地方。

當然，我們也面對不少狀況題。不諳西語的這一家子，真的需要很多天使相伴，才有辦法順利安頓下來。西班牙人的友善熱情，在過程中給了我們很大的幫助！

這些年的經驗告訴我，家庭就像一個小型企業，需要一個共同的遠景。要求所有人在一開始就同心協力，是絕對不可能的！每個人都有自己的夢想與渴望、各自的地雷和障礙，但我們又得在同一艘船上航行。若不清楚一家人的共同夢想，柴米油鹽醬醋茶的日常雜務，公務私事的高低起伏，很容易讓我們誤將對方當成敵人，認定是孩子讓我們無法實現理想生活，或是配偶阻礙我們前進。

「家庭遠景」就是「微目標」的方向準則，而「家庭行事曆」是具體的執行步驟，這些關鍵元素環環相扣，拿掉任何一個都會讓拼圖不夠完整。事實上，當每位成員都知道家庭的「Big Why」時，我們更容易成為彼此的最佳支持。

當你思考未來時，嘗試著不要悶著頭自己想，與家庭成員一同構築屬於你們的「家庭遠景」吧！或者，也能從你自己想要的生活畫面出發，漸漸找出一家人的共同遠景。這或許需要花上好多年的時間，也可能現在看起來一切都是「不可能」，但最終，你會發現自己正朝著目的地前進，而且與你最愛的家人一起。

point

- 人可能會認為自己永遠有時間，可以專注在眼前去努力就好，「之後再說」，然而現實的人生並不是如此。
- 意外發生時，一個家庭有沒有清晰的「家庭遠景」，幾乎決定了他們會分崩離析，或者更加緊密。
- 就算是伴侶，人生仍舊是各自擁有的。一個人是否感覺到滿足，是否能自我實現，無法靠另一個人來定義。
- 家庭就像一個小型企業，需要共同的願景。要求所有人在一開始就同心協力，是絕對不可能的！
- 「家庭遠景」是「微目標」的方向準則，而「家庭行事曆」是具體的執行步驟，這些關鍵元素環環相扣，拿掉任何一個都會讓拼圖不夠完整。

24

打造未來之四：一天一小時，你可以有所追求

——創業沒有那麼難

這幾年很流行創業，感覺上好像每個年輕人、青年人、壯年人，都想擁有自己的事業。事實上，不只台灣如此，全世界的新創公司（Startups）風潮也是方興未艾。「兼職／斜槓創業」讓上班族躍躍欲試。畢竟，「當自己的老闆」聽起來就很誘人啊！

不過，「創業當老闆」並不像大家想像的那麼美好，要承擔的責任、每日要面對與解決的問題、資金與人事的壓力等等，都得踏上這條路之後，才能體會有多辛苦。根據經濟部的統計，近十年來新設企業每年約有十萬間左右。但創業者多，成功者少，一年內就倒閉的公司高達九成，而能撐過五年的創業者只有一％。創業前五年的

陣亡率高達九十九%。聽起來是不是挺嚇人的？

創業當然充滿風險，但我常比喻，想到一個事業好點子，就像在酒吧見到一個迷人的對象，最簡單判斷是否會「成」的方式，就是走過去，開口向對方講第一句話。或許你還沒做好準備，也可能對方讓你失望，然而更有可能的是，至少交到了一個新朋友，當天晚上過得精采一些。如果還有機會帶著一群朋友去認識另一群有趣的人，那就更有意思了。

對於工作與家庭兩頭燒的上班族爸媽們來說，或許你會認為「創業」是不可能的任務，其實不然！先別把「創業」兩個字想得太難，如果你打算從兼職起步，可以好好利用現有的網路科技，有很多方向與選擇不需要你投資大把成本，就可以嘗試看看。就像談戀愛一樣，嘗試愈多次，也就愈知道最適合自己的是什麼，並且從中找到一個可以擴展也可以複製的商業獲利模式。

如果你真心想要創業，就算每天只有一個小時，仍有可能在一年內漸漸打造自己的事業。以下有些好點子，或許能幫助你更有信心，開始嘗試。

這幾年在創業圈裡頭，也有另一個流行詞彙「創業週末」。「創業週末」（Startup Weekend）這個活動，就是一群陌生人聚在一起，把大家的創業好點子攤開來，彼此分享，選出大家覺得最有趣（或者是最可能成真）的幾個，接著利用週五晚上到週日，短短兩天多一點點的時間，從組成團隊、腦力激盪到實際行動，將一個點子變成一個可能的新創公司。

有許多創業有成的「導師」，甚至會來協助評估這些點子是否成熟，以及引導應該調整哪些部分，最後還可能因此取得創業資金的投資！這個方式，也能讓創業者認識很多志同道合的朋友，同時有機會找到創業的夥伴。在台灣也有這樣的活動，有興趣的朋友搜尋「創業週末」就能找到最新的資訊。

好點子需要推一把

這個方式雖然不一定適用於每個人，但概念絕對是無誤的——其實創業最關鍵的過程，就是把一個在腦中的點子，做成半成品提案，接著製作出一個「最小可行產品」（MVP, minimum viable product），而這整個過程，最短只需要幾天的時間而已。

聽起來可能有點生硬，我用一個例子來說明。我有個好朋友很喜歡做菜，手藝很好，接近專業級的廚師，只是一直都只煮給三個孩子與朋友吃。身邊親朋好友都覺得她可以用好手藝賺錢，但她一直沒什麼信心。有天她私訊問我：「我多做了一些肉燥，你要不要呢？」我直接回她：「好啊！來個兩罐，怎麼賣？」

沒錯，我偷偷推了她一把。原本她沒想到要收費，這下子她得好好算一算製作與時間的成本了。朋友想了一會兒，給了我一個數字，我說沒問題，接著問她：「你還做了什麼菜呢？」她想到自己還做了黃金泡菜，我說：「也來兩罐吧！」

我們就這樣繼續對話下去，朋友最後完成了一百歐元（大概是台幣三千五百元）的第一筆「交易」。過了幾個小時，我看到她成立了一個臉書粉絲專頁，甚至連名字都取好了，她上傳了幾張剛才寄給我看的照片，標上售價，寫上交貨時間，沒幾個小時，她又多了幾個客人。當然，這些客人一開始都是她的好朋友，成交的金額也不高，但是她可以賺點零用錢，不無小補。短短一個晚上，我們從好友間的對話開始，最終她多了個小生意。

而我自己的婚禮顧問公司，也同樣有個神奇的起步。從來沒有想過自己會走上婚禮這一行，我對婚禮的繁瑣流程和細節布置，一點興趣都沒有，但因為家人的關係，我認識了在網路上販售喜餅的前輩，她隨口說了一句：「你還挺適合做婚禮服務的唷！」沒想到這句話悄悄在我心中萌芽，我開始利用每天一點點時間，瘋狂的搜尋關於海內外婚禮顧問的資訊。

從那天開始，我一天花一小時上網做功課，漸漸對婚禮這行有點譜了，也觀察到當時的新人們，普遍對飯店與婚顧公司的服務方式不大滿意，而我過去工作所累積起來的能力與人脈，剛好能夠補足這一塊。於是我抱著「看到洞我就來補補看」的心情，嘗試跟一名準新人分享我或許能幫到她的地方。很幸運的，她推了我一把，邀請我籌辦她的婚禮。天啊！我竟然就這樣有了第一位客人。

很多人以為，創業的人都要想清楚了才能行動。事實上，我身邊創業的朋友起心動念想創業時，多半連自己要做什麼都還不知道呢！但是因為他們打開了創業雷達，所以一遇到機會就把握住，嘗試從一個想法，研發成為一項可銷售的產品或服務。就這樣，從第一筆銷售開始，慢慢調整、學習與改進，最終關關難過關關過，成為撐過頭五年的幸運的「一%」。

創業的最高成本，是恐懼

很多人對於創業都有一種迷思，覺得創業一定很耗費時間，一定要投資很高的金額，事實上，這些都是舊時代的想法了。在過去，開店、開公司，至少要付出的第一個成本就是店租。在台北，少則兩萬，多則數十萬，壓得創業主喘不過氣來。有了店面、辦公室，就得請人顧，負擔人事成本，不然就得將自己綁在店中。這些固定開銷在傳統的創業模式中，總是卡死創業者的現金流和時間。

但現在呢？店頭開在網路上，二十四小時開張，只要確立好標準作業流程，你提供的產品或服務，目標客群又願意買單，那你成交一筆訂單的成本，幾乎只是過去的一％。當然，現在創業還是得投資時間與金錢，但是與過去相比，已經容易多了。

在我看來，創業最高的成本，不是時間，也不是金錢，而是你內心的恐懼。不管你現在還處在猶豫不決的思考階段，還是糾結於難以評估該投資多少時間金錢，又或者是面臨到層出不窮挑戰的經營階段，最難闖過去的，通常都是你自己那一關。

當然，創業還有許多需要考量的細節，囿於篇幅無法討論到方方面面，但在這裡先給各位一顆定心丸，那就是——創業並沒有你想像中的那麼恐怖。你會很辛苦沒有錯，但也絕不是像登天一樣的難事。否則就不會連我們這種普通人都能做到了！我們能，你也一定可以！

就我個人來說，當初會走上創業這條路，初衷就是希望能夠陪孩子成長，同時有收入。所以，我放棄了很多需要投資過多金額與時間的創業模式。

《聖經》上有句話說：「錢在哪裡，你的心就在哪裡。」我時常用這句話來警惕自己，絕對不做會讓自己晚上睡不著覺的投資。因為要是持續有龐大的債務或固定支出的壓力時，我心心念念的，絕對會是公司，在家時心思無法安定，就不可能當個快樂陪伴孩子的媽媽。也因此，我放棄了很多次公司躍升的大好機會，如今回頭看，我從未後悔。

每個家庭的狀況不同，每位職場父母親可以投注以及希望投注在事業上的時間與精力，也都不相同。我不認為所有人都適合走上創業這條路，然而，如果這是你的夢想，我希望你能知道，就算一天只有一個小時，你也是能夠做到的。在我另一個音頻課程《在家創業101》當中，針對在家起步的小事業有詳細的步驟介紹，有興趣的朋友也歡迎參考。

規劃很重要，但行動才能成事

我們的教育系統總是示範這樣的學習模式——老師在台上教，學生在台下做筆記，回家研讀之後，練習考古題，考出好成績。然而，現實世界的「學習」並非如此。當我們聆聽別人的經驗、上課、研讀書籍，甚至坐下來規劃策略，這些都是「準備」，而非「行動」。準備可以幫助我們減少實際執行時的障礙，清晰我們的目標與做法，但，並不會帶給我們實際的結果。

也就是說，讀完了這本書，你還是原本的自己，不會有任何的改變。沒有任何書籍或課程能夠帶給人奇蹟式的改變。只有在你的現實生活中，去真實嘗試這些作者、專家、教練、演說者的理論或做法，才知道這些對「你」是否管用。

就如同很多人想要成為部落客或 YouTuber。他們花很多時間研究不同的成功（或失敗的）範例，甚至花錢去上課，想要知道這是不是適合自己做的事，然而卻一篇文章也沒寫，一段影片也沒分享。許多人想創業，還去拜了很多網路上的創業教練為師，加入了許多創業社團，上課做筆記，卻從未實際去銷售自己任何一個點子。

最終說「不可能」的，通常是這些「上課英雄」。而那些真正實際操作，又認真排出時間學習的人，根本充實到沒有時間去思考可不可行，因為「創業」的「創」字，就是把不可能變成可能的過程！

想知道自己能否當部落客，至少得先有個部落格；想知道自己是否能做生意，那得先試著買賣些什麼；想知道某個行業是否適合你？那麼先多接觸這個業界的環境或前輩，才會讓你有個譜。這些都是「行動」，而行動幫助你更知道該做些什麼準備。身為母親，我沒有很多的時間或大把金錢資本去孤注一擲，但我能做的就是小型但持續的行動。願意把手弄髒，才能真正學到東西。

當我要「評估」一門生意的時候，絕對不會是聽聽和想想而已，說真的，一個門外漢是要用什麼基礎去「思考」呢？總得要有些「底」才知道是否合適吧！所以，我多半會告訴自己：「認真把這件事當成『就是一輩子會做的事』一樣的學習和行動吧！」至少維持半年的時間去認真了解，這樣就算未能「出師」，也能知道一個行業的大致面貌。

而我的經驗是這樣努力半年之後，我都能對這個業界有點粗淺的認知了（至少不再是菜鳥），如果喜歡或適合自己，就再繼續發展下去。如此再過一年，也多半能有些起步的成績了！千萬不要成天只有想，只有做夢，要每天實際的去「造夢」，將夢想的畫面變成每日生活的現實。

你可以有所追求

上班族爸媽，可說是最容易因為忙於照顧孩子、滿足家庭與工作的需求，而忘了自己也是有夢想、有需求的一群人。《爸媽不瞎忙》這本書希望能夠幫助心中仍有所追求的父母親，在忙碌的生活之中，仍然能夠一點一滴完成自己和家庭的夢想。

的確，當我們想要改變原本習慣的生活模式，甚至想加入些新的東西，肯定不是一件容易的事。但只要我們清楚自己的初衷，便比較容易堅持下去。

我一直相信，「照顧家庭」、「保有自我」與「經營事業」，這三個看似彼此衝突、互相拉扯的人生選項，其實可以和諧並存。我們需要一些堅持，很多調整，與很實際的做法。希望這本書，能夠提供給各位一些能量與方法，開始與前進。期待最終，這每天短短的Me Time，能帶給每一個在職場認真投入、在家庭熱切付出的爸媽們更多的快樂、滿足與自我實現。

point

- 上班族爸媽最容易因為忙於照顧孩子、滿足家庭與工作的需求，而忘了自己也有夢想和需求。
- 在我看來，創業最高的成本，不是時間，也不是金錢，而是你內心的恐懼。
- 準備可以幫助我們減少實際執行時的障礙，清晰我們的目標與做法，但，並不會帶給我們實際的結果。
- 讀完了這本書，如果你都沒有做出任何「行動」，你還是原本的自己，不會有任何的改變。

後記

用全新角度看「時間」

完成此書的此時，二〇二〇年八月，我們全家正準備從瓦倫西亞市中心的公寓，搬到市郊。COVID-19疫情並沒有減緩的趨勢，甚至第二波流行已經再次襲擊歐洲和世界各地。

我們一家四口從三月至今，已經朝夕相處了半年的時間，孩子們不能上學，最愛旅行的我們沒能出門，全球情勢詭譎充滿未知。

然而，與此同時，Jascha與我兩間公司合作的新品牌「MiVida就是生活」西班牙商品選品網站，今年三月在台灣正式上線。我們遠距與團隊夥伴一起跨時區工作。這段時間，我們引進了三個品牌、總共十項新商品進入台灣市場，熱銷商品賣到斷貨，一切熱鬧滾滾。

雖然實體活動全部停止，但線上的學習和分享未曾停歇。孩子們在六月用視訊方式完成了上個學期的課程，而 Jascha 也得償所願，重新開始線上中文課程，我也受邀講了五場關於「在家創業」的演講。我們一家更透過線上平台一起健身、觀賞紀錄片，與朋友們打連線遊戲。

這是個完全不同的世界，需要用全新的角度去看每一件事。包括「時間」。忙碌，是擁有夢想者的必經過程。經過一陣子的忙碌，我們才得以將生命中每個重要的面向，逐步往期望的樣貌推進。因此我們雖享受閒適，同時也享受忙碌！最重要的是確定自己珍惜的使用寶貴的時間，時刻努力朝著想要的生活邁進。而這個過程，有親愛的家人一起，更是愉悅與值得！

感謝1號課堂副總經理富晟與天下文化編輯部副總監郁慧，讓一個想法有了完整的面貌。特別感謝本書責任編輯依蒔與美術設計 Bianco，將我手繪的「家庭行事曆」巧妙變身，能夠讓讀者們看得懂這些柴米油鹽醬醋茶之間的微妙秩序。Bianco 將我寶貝兒子某日陪我工作時畫下的蜜蜂，穿插在全書的文字之間飛舞著，讓我看了好感動。謝謝你們的用心與專業！

最後，謝謝我親愛的家人。你們是我生命的錨，是我生活的趣味，更是最美好的禮物。我也將此書獻給讓我人生再也不瞎忙的你們！

凱若

二〇二〇年八月

寫於西班牙瓦倫西亞

國家圖書館出版品預行編目(CIP)資料

爸媽不瞎忙：凱若的幸福家庭行事曆 / 凱若著.
-- 第一版. -- 臺北市：遠見天下文化, 2020.08
面；　公分. -- (教育教養；BEP060)
ISBN 978-986-5535-57-5(平裝)

1.成功法 2.生活指導

177.2　　109011912

教育教養 BEP060

爸媽不瞎忙

凱若的幸福家庭行事曆

作者 — 凱若 Carol Chen

總編輯 — 吳佩穎
副總監 — 楊郁慧
責任編輯 — 李依蒔（特約）、楊郁慧
美術設計 — Bianco Tsai
內頁插畫 — 陳庭睿（凱若兒子）

出版者 — 遠見天下文化出版股份有限公司
創辦人 — 高希均、王力行
遠見・天下文化・事業群　董事長 — 高希均
事業群發行人／CEO — 王力行
天下文化社長 — 林天來
天下文化總經理 — 林芳燕
國際事務開發部兼版權中心總監 — 潘欣
法律顧問 — 理律法律事務所陳長文律師
著作權顧問 — 魏啟翔律師
社址 — 台北市 104 松江路 93 巷 1 號
讀者服務專線 —（02）2662-0012
傳真 —（02）2662-0007；（02）2662-0009
電子信箱 — cwpc@cwgv.com.tw
郵政劃撥 — 1326703-6　遠見天下文化出版股份有限公司

電腦排版 — 立全電腦印前排版有限公司
製版廠 — 中原造像股份有限公司
印刷廠 — 中原造像股份有限公司
裝訂廠 — 中原造像股份有限公司
總經銷 — 大和書報圖書股份有限公司｜電話 — (02)8990-2588
初版日期 — 2020 年 9 月 25 日第一版第 2 次印行

定價 — NT 400 元
ISBN — 978-986-5535-57-5
書號 — BEP060
天下文化官網 — bookzone.cwgv.com.tw